EVENTOS

Dados Internacionais de Catalogação na Publicação (CIP)
(Câmara Brasileira do Livro, SP, Brasil)

Gutierrez Fortes, Waldyr, 1950-2010.
  Eventos: estratégias de planejamento e execução / Waldyr Gutierrez Fortes, Mariângela Benine Ramos Silva. – 2. ed. – São Paulo: Summus, 2011.

  Bibliografia
  ISBN 978-85-323-0714-9

  1. Administração de empresas 2. Eventos especiais – Marketing 3. Eventos especiais – Organização e administração 4. Planejamento estratégico I. Silva, Mariângela Benine Ramos. II. Título.

10-12300   CDD-658-456

Índice para catálogo sistemático
1. Eventos : Organização de empresas : 658.456

Compre em lugar de fotocopiar.
Cada real que você dá por um livro recompensa seus autores
e os convida a produzir mais sobre o tema;
incentiva seus editores a encomendar, traduzir e publicar
outras obras sobre o assunto;
e paga aos livreiros por estocar e levar até você livros
para a sua informação e o se entretenimento.
Cada real que você dá pela fotocópia não autorizada de um livro
financia um crime
e ajuda a matar a produção intelectual de seu país.

EVENTOS
estratégias de planejamento e execução

Waldyr Gutierrez Fortes
Mariângela Benine Ramos Silva

EVENTOS
Estratégias de planejamento e execução
Copyright © 2011 by Waldyr Gutierrez Fortes e Mariângela Benine Ramos Silva
Direitos desta edição reservados por Summus Editorial

Editora executiva: **Soraia Bini Cury**
Editora assistente: **Salete Del Guerra**
Assistente editorial: **Leonardo Gonçalves**
Projeto gráfico e diagramação: **Acqua Estúdio Gráfico**
Capa: **Alberto Mateus**
Impressão: **Sumago Gráfica Editorial**

Summus Editorial
Departamento editorial
Rua Itapicuru, 613 – 7º andar
05006-000 – São Paulo – SP
Fone: (11) 3872-3322
Fax: (11) 3872-7476
http://www.summus.com.br
e-mail: summus@summus.com.br

Atendimento ao consumidor
Summus Editorial
Fone: (11) 3865-9890

Vendas por atacado
Fone: (11) 3873-8638
Fax: (11) 3873-7085
e-mail: vendas@summus.com.br

Impresso no Brasil

A Deus, por nos dar a vida e permitir a concretização desta obra.

Aos nossos pais, que nos fizeram estudar e chegar até aqui.

Aos nossos familiares, que nos incentivaram e souberam nos perdoar pelo tempo que deles tiramos para criar e produzir esta obra.

Aos nossos cônjuges e filhos, que são a razão de tudo.

Aos nossos professores e amigos, que, ao longo de nossa caminhada profissional, nos fizeram gostar de eventos e nos ensinaram a torná-los melhores e mais eficazes para atingir os objetivos fixados.

Àqueles que nos antecederam, com quem muito aprendemos, e aos atuais interessados em eventos, com os quais temos trocado experiências.

agradecimentos

Agradecemos a todos os que contribuíram para que este livro viesse à luz.

Aos que, ao longo da vida, nos ensinaram o que hoje sabemos. Em especial ao professor Miguel Luiz Contani, pelo carinho, pelos ensinamentos e pelo apoio.

A todos os que põem em prática os eventos como forma privilegiada de comunicação.

Aos nossos alunos, atuais e futuros, porque nos ensinam muito e nos desafiam a fazermos o melhor.

Aos profissionais de eventos que deram um caráter de ciência ao planejamento dessas atividades, abandonando o improviso que caracterizava a prática.

Aos que dão aos eventos o devido destaque no mundo empresarial ou no universo acadêmico.

Pretendemos fazer o melhor.

sumário

Nota introdutória, 11
Prefácio: Muito além das prateleiras, 13
Introdução, 15

PARTE I | **PLANEJAMENTO DE EVENTOS**

    1. A comunicação nas organizações, 20
    2. Comunicação dirigida nas organizações, 28
    3. O evento como estratégia, 34
    4. Planejamento e organização de eventos, 41

PARTE II | **EXECUÇÃO DE EVENTOS: SISTEMATIZAÇÃO E PROVIDÊNCIAS**

    5. Atividades das comissões de um evento, 62
    6. Planejamento de material, equipamentos e serviços, 94
    7. A escolha do local do evento, 105
    8. Serviços de apoio ao evento, 114
    9. *Check-list* de alocação de recursos humanos, 127
    10. *Check-list* de planejamento e organização de evento, 131
    11. Modelo de *briefing*, 137
    12. Modelo de projeto de evento, 147
    13. Relatório de evento, 150

PARTE III | **ROTEIRO PARA PROGRAMAS DE VISITAS**

    14. Breve introdução sobre as visitas, 154
    15. Instruções para visitas: detalhamento, 156
    16. Tráfego de solicitação de visitas, 187

17. Lista de providências no local do evento, 189
18. *Check-list* de ações/tarefas/equipamentos/instalações, 190
19. Instrução do pessoal de relações públicas, 202

Referências bibliográficas, 205
Apêndice: Tipo de eventos, 209

nota introdutória

Meu primeiro contato com o professor Waldyr foi em 1979, quando ingressei no curso de Relações Públicas da Universidade Estadual de Londrina (UEL), criado e conduzido por ele. Ao longo dos muitos anos de convívio, pude acompanhar sua trajetória como profissional e pesquisador brilhante, o que serviu para consolidar minha admiração por ele também como pessoa, e principalmente como amigo.

No transcorrer das nossas pesquisas para esta obra, o querido professor Waldyr teve sérios problemas de saúde. Mesmo assim, conseguimos finalizar os capítulos, apesar das muitas dificuldades enfrentadas no final de 2009. Pretendíamos lançar este livro em abril de 2010. Infelizmente, não conseguimos alcançar esse objetivo. No dia 6 de abril, o professor nos deixou.

Para finalizar, cito a seguinte frase, de Nikos Kazantzákis: "Os professores ideais são os que se fazem de pontes e convidam os alunos a atravessarem, e depois, tendo facilitado a travessia, desmoronam-nas com prazer, encorajando-os a criar suas próprias pontes".

Algumas pessoas marcam nossa vida para sempre – umas porque nos ajudam em sua construção, outras porque nos mostram os sonhos; outras, ainda, porque nos desafiam a construí-los.

Querido "chefe", amado mestre, esta obra é sua. Obrigada do fundo do meu coração.

Mariângela

prefácio Muito além das prateleiras

O professor Waldyr Gutierrez Fortes, respeitável pesquisador e educador, discípulo e seguidor do pioneiro no campo brasileiro das relações públicas, o professor Cândido Teobaldo de Souza Andrade (1919-2003), acrescenta mais uma obra à sua vasta produção intelectual, obra esta escrita juntamente com a professora Mariângela Benine Ramos Silva. Este *Eventos – estratégias de planejamento e execução* tem a preocupação explícita de transpor para a visão prática do mercado o conhecimento teórico, intelectual, originado no pensamento e na pesquisa da melhor qualidade, a fim de atender ao comunicador que tem de superar os obstáculos naturais do dia a dia e realizar ações de comunicação e relacionamento em nome dos interesses da empresa que ele representa.

Esse diferencial é um dos grandes méritos desta obra. Enfocando os desafios impostos aos comunicadores no desempenho de funções cada vez mais complexas, ela mostra que as relações públicas deixam de ser uma atividade meramente produtora de mídia e de transmissão de informação para constituir uma atividade estratégica, de gestão, e, sobretudo, com acentuado viés político. Essa reorientação da profissão, exigência do mercado e da globalização, pede um profissional mais culto, com conhecimentos que extrapolem as técnicas exclusivas e específicas da boa comunicação e avancem para outros campos das ciências humanas aplicadas. Assim, substitui aquela antiga figura do comunicador por um profissional renovado no saber e na sua visão de mundo, na capacidade de dar respostas criativas, inovadoras e rápidas, estrategicamente alinhadas com os objetivos, os valores e as políticas da organização.

Há mais de quarenta anos a Associação Brasileira de Comunicação Empresarial (Aberje) se empenha para aproximar da prática cotidiana a produção e a difusão de conhecimento, utilizando os mais diferentes meios. Investe sem parar no aprimoramento do comunicador, ao estabelecer relações com os mais importantes centros de estudo do mundo, implantar capítulos nas principais regiões do Brasil e promover a mais respeitada premiação anual das melhores práticas de comunicação organizacional do país, o Prêmio Aberje.

Ao lado desse conjunto de ações e iniciativas louváveis, a publicação deste *Eventos – Estratégias de planejamento e execução* colabora decisivamente para a consolidação da nossa profissão, participa efetivamente na formação daqueles que em breve nos sucederão e, sobretudo, amplia o campo de atuação política do comunicador dentro das organizações.

Esta obra de Waldyr Gutierrez Fortes e Mariângela Benine Ramos Silva é muito bem-vinda e certamente trilhará um nobre caminho, o de disseminar esse aprendizado entre profissionais e estudantes, dentro e fora das organizações.

Paulo Nassar
Professor doutor da Escola de Comunicações e
Artes da Universidade de São Paulo (ECA-USP)
e diretor-geral da Associação Brasileira de
Comunicação Empresarial (Aberje)

introdução

Atualmente, o número e as modalidades de eventos proliferam em todas as áreas. Era de esperar que ocorresse justamente o contrário, num momento em que os meios virtuais do ciberespaço permitem o contato de pessoas de todas as partes do mundo sem que precisem percorrer grandes distâncias, perder tempo em aeroportos, enfim, enfrentar todo tipo de transtorno que uma viagem pode acarretar.

No entanto, não é o que se vê na prática. O encontro de pessoas tem-se revestido de um significado ainda maior. Seja no âmbito das entidades, no mundo das ciências ou dos esportes, seja na comercialização de produtos e serviços, no relacionamento entre as pessoas, a realização de eventos se impõe. O que distingue cada evento é a sua organização e a criação de oportunidades para que as pessoas mantenham um contato efetivo – de modo que se transformem em um público, tenham a oportunidade de mostrar diferentes pontos de vista a outras pessoas e sintam, simultaneamente, a reação de todos.

É como um retorno à antiga praça da aldeia medieval: quando o senhor do feudo precisava se comunicar com seus vassalos, fazia-o por meio de uma proclamação lida nas praças públicas, e todos eram informados. Agora, as "praças públicas" se sofisticam, aprimoram-se e contam com um número muito grande de pessoas e de especialidades para que o evento tenha sucesso.

Evento é uma atividade econômica e social que, nascida com a civilização, acompanha a evolução dos povos, adquirindo características representativas de cada período histórico. As fases de desenvolvimento de um evento, desde a concepção, o planejamento e a organização até a implantação, a avaliação e as providências finais, envolvem um grande número de agentes econômicos. Desse modo, ao dinamizar-se e incrementar-se como atividade, passam a representar um grande estímulo para a economia nacional, fazendo emergir uma nova indústria, que se expande e se mostra capaz de gerar lucro e empregos.

Porém, volta-se à questão inicial: como saber se o evento de fato atingiu os seus objetivos? Teria ele aproximado as pessoas? Elas puderam expressar seu pensamento? Neste livro, apresentamos um modelo de planejamento de eventos acompanhado de recursos, ferramentas, instrumentos e modos de sistematização, a fim de obter respostas a essas perguntas. Ao mesmo tempo, mostramos que não se trata simplesmente de reservar um local, preparar um receptivo adequado, sentar-se e esperar os participantes. É necessário muito mais do que isso, e é imprescindível estar totalmente preparado, não ignorando nenhum detalhe.

Unindo os conhecimentos e as habilidades das áreas de relações públicas e marketing, oferecemos vários conteúdos que indicam que promover um evento não é tarefa que se possa realizar sem sistematização. Trata-se do desenvolvimento de um pensamento complexo que envolve finalidades comerciais, no caso do marketing, e também da avaliação da disposição das pessoas para o diálogo e o entendimento, no caso das relações públicas.

A intenção deste livro é assegurar que o evento, em especial no que diz respeito a seu bom planejamento e organização, seja utilizado por profissionais de relações públicas e marketing para a construção do relacionamento das organizações com seus públicos, a fim de que possam cumprir o que se espera delas nos campos em que atuam. A fundamentação teórica foi criteriosamente selecionada para a discussão sobre o evento em suas etapas de organização e realização e como instrumento para fortalecer a imagem e o posicionamento das organizações perante todos os que com elas se relacionam.

O detalhamento da fase de planejamento engloba formatos e características peculiares. Assim, torna-se indispensável conhecer cada denominação para que se possa extrair da classificação um tipo particular de evento, compatível com o que se pretende empreender.

Deve-se considerar, ainda, o segmento econômico para o qual será voltado, sendo essencial a adaptação a necessidades específicas.

As várias modalidades de evento podem também ser combinadas, o que possibilita construir várias formas de apelo sensorial, aprofundando as relações entre pessoas, entre pessoas e empresas e entre empresas e empresas, ou seja, entre diferentes interesses.

Este livro contém uma parte inovadora, exclusiva, com a apresentação de um roteiro para o planejamento e a execução de "visitas dirigidas", além de diversos modelos para sistematização e preparação de providências decorrentes das etapas de sua realização.

A estratégia de comunicação, a identificação do público-alvo, os diferenciais a buscar, bem como a estruturação de produtos e serviços a serem oferecidos num evento, também estão descritos minuciosamente neste livro. Nossa proposta é oferecer ao leitor um novo formato de apresentação e desenvolvimento de eventos, por meio de um texto coerente e direto.

É o objetivo que faz o evento e não o contrário; o motivo é que deve determinar o tipo de evento a ser empreendido. E é isso que queremos mostrar aqui, por intermédio da apresentação, de forma precisa e completa, da criação, geração, desenvolvimento, finalização e avaliação de eventos nos mais diversos campos de atuação.

Que esse objetivo seja atingido por você!

Os autores

parte I Planejamento de eventos

1 A comunicação nas organizações

A comunicação entre a organização e seus públicos deve ser conduzida com eficiência, apresentando intensidade e impacto apropriados, além da capacidade de persuasão, obedecendo a um planejamento coerente com os objetivos mercadológicos traçados e utilizando as estratégias mais adequadas a esses objetivos. Em razão da velocidade das mudanças ocorridas na sociedade e no mundo do trabalho, o setor empresarial passa a assumir novas posturas econômicas, sociais e culturais: registra-se sua presença pública mais constante, com a prestação de contas tornando-se mais frequente; surge, portanto, diante dos anseios do público, um novo relacionamento com ele, para garantir a sobrevivência no mercado.

A boa comunicação é a principal responsável pelo êxito da empresa nessa situação. As ideias devem ser transmitidas, aceitas, executadas, ouvidas e compreendidas. Para competir em igualdade de condições no novo ambiente, a empresa precisa reavaliar a maneira como se comunica – arte que consiste em identificar os aspectos favoráveis, selecionar o tratamento apropriado, qualificar seus públicos e escolher os melhores veículos.

Comercialmente, a comunicação está implícita em todos os setores e procedimentos de uma organização. Seja no planejamento, no controle, na divulgação de produtos e serviços, seja no estabelecimento de pontos de distribuição e revenda, a comunicação está presente.

Para que os públicos possam se transformar em públicos da organização, cabe aos profissionais de relações públicas e de marketing estabelecer um processo originado em ações planejadas, apoiadas em resultados de pesquisas, com comunicação sistemática e participação programada, a fim de assegurar um elo de interesse legítimo que promova uma relação de desenvolvimento recíproco entre as entidades e os grupos sociais a elas ligados.

Ainda como reflexo das transformações sociais, a comunicação passa a pressupor responsabilidade entre o emissor e o receptor da mensagem; define o processo mediante o qual a organização pretende influir na conduta das pessoas, pela transmissão de significados, incluindo também um *feedback*.

O bom relacionamento entre a organização e seus públicos de interesse possibilita decisões mais seguras por parte dos profissionais de relações públicas e de marketing, mediadores desse processo e construtores da eficácia no tratamento das informações. O domínio da essência da informação interna e externa parece ser o grande desafio atual dos administradores.

O relacionamento externo da organização reflete o tratamento dado internamente à comunicação, sendo que esta adquire uma função estratégica com a qual as relações públicas podem contribuir muito. A ideia é fazer que as organizações conheçam primeiro a si mesmas para, então, comunicarem-se melhor com seus públicos externos.

Assim, a informação capaz de gerar comunicação deve estar presente tanto interna quanto externamente. Internamente, a denominada comunicação administrativa propicia a circulação de informações e, consequentemente, um melhor funcionamento de todas as atividades. A comunicação externa diz respeito ao entrosamento entre as organizações e os grupos de interesse a elas ligados, e graças a ela é possível aumentar a coordenação administrativa e social, com a criação de um contexto harmônico.

Para atender às demandas mencionadas, os profissionais de relações públicas e de marketing necessitam buscar fundamento numa política de integração, devem ser qualificados e atuar como autênticos articuladores entre os vários públicos de interesse das organizações.

Dentro de um sistema integrado, a comunicação interna e a externa são determinadas por várias funções, dentre as quais se salientam o favorecimento da interação entre a organização empresarial e os seus diferentes públicos de interesse; a consolidação da cultura empresarial; a viabilização das estratégias de comercialização; e o reforço da imagem institucional.

Um plano integrado de comunicação deve produzir reflexos nas necessidades dos públicos e nos interesses da organização, e sua implantação, acompanhamento, condução e avaliação dependem da capacidade dos profissionais da área. Cabe também a eles estudar, analisar e conhecer o público de interesse, bem como os insumos para estabelecer e operar os canais de comunicação adequados aos objetivos das organizações em que atuam. Com isso, a ideia é não mais separar a comunicação institucional da mercadológica, ou seja, afastar o produto ou o serviço do conceito/imagem e da reputação das organizações.

A comunicação mercadológica pode ser desmembrada nos seguintes elementos, que lhe dão forma e consistência:

- *O emissor*: é a organização que quer comunicar algo para determinado público, em determinado mercado, uma ideia que deve ser absorvida por esse público.
- *A mensagem*: traduz o conteúdo da ideia e pode ser transmitida de diversas formas, por meio de um grande número de canais.
- *Os símbolos ou sinais*: fazem parte da linguagem contida na mensagem e devem ser entendidos, interpretados e decodificados pelo público.
- *Os canais de comunicação*.
- *O receptor ou público de interesse da comunicação*: é escolhido estrategicamente, conforme os objetivos traçados no plano de marketing e de relações públicas.
- *O feedback*: é o retorno no processo de comunicação. Nele se expressa uma reação à comunicação do emissor. Como, nesse ponto, o receptor torna-se emissor, o *feedback* passa pelas mesmas etapas da comunicação original.

Esses elementos devem responder às seguintes questões: quem diz o que, por meio de que canal, para quem e com que efeito? Dois elementos representam as partes principais do processo – emissor e receptor. Outros dois representam as principais ferramentas – a mensagem e a mídia. E, entre as principais funções envolvidas, estão a codificação, a decodificação, a resposta e o *feedback*.

Por fim, há o ruído na comunicação, caracterizado por qualquer fator que a perturbe, confunda ou nela interfira. Pode ser interno (quando, por exemplo, o receptor não está prestando atenção) ou externo (quando a mensagem é distorcida por outros sons do ambiente). O ruído pode ocorrer em qualquer estágio do processo de comunicação.

A combinação dos elementos antes citados, aliada a uma criação inteligente e persuasiva e à produção de materiais promocionais de alto nível, possibilita a eficiência e a eficácia da comunicação, que se completa e atinge os objetivos desejados desde que a escolha das ferramentas ou estratégias comunicacionais tenha sido ajustada a cada situação.

Para definir os objetivos e escolher a(s) estratégia(s) mais adequada(s), recomenda-se que a organização analise os seguintes fatores, para decidir o que deve comunicar, para quem e quando:

- tipo, categoria ou segmento do produto;
- mercado com o qual o produto se relaciona;
- definição estratégica de "empurrar" (*push*) que trata do fluxo de comunicação que vai da empresa vendedora, passa pelos intermediários, atacadistas e varejistas, para, então, atingir o consumidor final por meio dos canais-de-venda mais relevantes ou de "puxar" (*pull*) que refere-se às empresas que dirigem seus esforços de comunicação mercadológica para o cliente final, persuadindo-o a procurar os produtos nos pontos-de-venda;
- grau de conhecimento e aceitação do produto pelo público;
- fase do ciclo de vida em que se encontra o produto.

Vale ressaltar que a organização desenvolve mensagens, linguagens, tipos, formas e canais de comunicação completamente diferentes em função do público, conforme os objetivos a ser atingidos, as razões de compra e os benefícios esperados por parte de cada público.

Não se pode esquecer que a comunicação não age isoladamente. O *mix* de marketing é um conjunto de ações coordenadas que melhoram os seus resultados, estabelecem o conceito e o estilo do produto, caracterizam sua qualidade, determinam o direcionamento para os diversos públicos e contribuem para a sedimentação da imagem. O *mix* de comunicação, por sua vez, é um conjunto de ferramentas que podem ser usadas por uma organização. Da mesma forma que esta desenvolve seu *mix* de marketing com base numa combinação de dados relativos a produto, preço, distribuição e decisões de comunicação, a área de comunicação é constituída por uma combinação de estratégias.

Trata-se de um processo. Ao transmitir uma mensagem, o comunicador recebe uma resposta, que, depois de interpretada, é devolvida ao público com nova codificação. É estabelecido um contínuo fluir entre o comunicador e o público, e vice-versa. Sem essa fluência, a comunicação não se realiza – e é imprescindível que as organizações saibam como ela funciona.

Essa é a condição para a sobrevivência das organizações, pois sua operação se torna viável por meio do sistema de comunicação existente, em contínua realimentação. Para isso, elas devem avaliar o "composto promocional", uma combinação dos tipos de promoção desenvolvidos por determinado tempo.

O composto promocional, também chamado composto de comunicação de marketing, é constituído por cinco importantes ferramentas:

- *Propaganda* – Qualquer forma paga de apresentação impessoal e de promoção de ideias ou serviços por um patrocinador identificado.
- *Marketing direto* – Uso de correio, e-mail, telefone e outras ferramentas de contato impessoal para enviar mensagens a ou solicitar resposta de consumidores ativos e potenciais.
- *Promoção de vendas* – Incentivo em curto prazo para encorajar a experimentação ou a compra de um produto ou serviço.
- *Relações públicas ou publicidade* – Conjunto de programas preparados para promover e/ou proteger a imagem de uma empresa ou de seus produtos.
- *Venda pessoal* – Interação face a face com o propósito de realizar vendas.

A promoção é parte primordial de qualquer composto de comunicação. Seu objetivo global é afetar o comportamento de compra. Seus objetivos básicos são informar, persuadir e lembrar. A ênfase em cada uma das ferramentas promocionais varia conforme o mercado-alvo e outros elementos do composto de comunicação. Quando se propõe uma estratégia, é importante planejar a combinação dos métodos de promoção escolhidos para que sua aplicação em conjunto possa atingir objetivos promocionais específicos.

A estratégia promocional está diretamente ligada ao processo de comunicação explicado anteriormente. A comunicação de marketing é constituída por mensagens que atuam nas relações *vendedor-comprador*, configurando um conceito mais amplo do que aquele da estratégia promocional. Porém, sendo bem planejada, esta certamente será a parte mais importante da comunicação de relações públicas e de marketing.

As metas e os objetivos promocionais da organização são estabelecidos de acordo com seus objetivos gerais e metas de comunicação. Com base nesses objetivos, os vários elementos da comunicação de marketing devem ser combinados num plano promocional coordenado, que deve se tornar parte da estratégia global de comunicação da empresa para atingir os segmentos de mercado selecionados.

A determinação precisa dos objetivos de uma promoção sempre foi um problema para os administradores. Isso porque as tarefas específicas que a promoção deve executar podem variar, por exemplo de acordo com as fontes de consulta. De modo geral, no entanto, os seguintes itens são por nós considerados objetivos da promoção:

- fornecer informações;
- aumentar a demanda;
- diferenciar um produto;
- acentuar o valor de um produto;
- equilibrar as vendas.

O cliente/mercado – é sempre bom reafirmar – é a chave de qualquer negócio. Apesar de as organizações procurarem continuamente atrair novos clientes, muitas não conseguem descobrir a melhor forma de alcançá-los. Para criar relações duradouras no mercado, primeiramente é preciso estabelecer laços fortes, e essa é uma tarefa difícil. O relacionamento com os clientes é essencial ao desenvolvimento da liderança, da fidelidade e da aceitação de novos produtos e serviços pelo mercado.

Deve-se lembrar que os clientes não compram exatamente produtos, mas expectativas. E isso implica atenção, admiração, simpatia, gratidão e sinceridade por parte da empresa. Sua necessidade de relacionamento público precisa superar as preocupações com os produtos e serviços oferecidos aos consumidores e usuários.

Assim, os profissionais de relações públicas e de marketing devem saber que suas atividades podem produzir desdobramentos que afetam o processo de compra e a determinação de valores. Ao decidir comprar um produto ou serviço, o consumidor se baseia numa hierarquia de valores definida por ele, e essa decisão é tomada segundo dados empíricos, opiniões, referências obtidos por meio da propaganda e experiências anteriores envolvendo produtos e serviços.

Para uma atuação eficaz nas áreas de relações públicas e marketing é preciso mobilizar eficientemente os recursos da empresa, para que se possa operar diante de limitações, problemas e oportunidades originados por fatores externos e incontroláveis do meio. São áreas que cada vez mais exigem profissionais eficientes e bem preparados, capazes de conquistar clientes para suas empresas e mantê-los.

Vale salientar que os eventos propiciam inúmeras oportunidades de negócios e possibilidades imensuráveis para a combinação de marcas, a união de empresas e a promoção da imagem e reputação das organizações.

Como já afirmamos, um evento deve estar ajustado aos objetivos de comunicação da empresa, sendo entendido como estratégia; também é preciso levar em consideração a audiência de mídia e o número de participantes. O evento deve mostrar, evocar ou representar um atributo-chave do produto ou serviço. Ao utilizá-lo, a organização tem a oportunidade de reforçar o compromisso com seus clientes reais e reunir seus clientes potenciais, melhorando sua imagem pública e reforçando seu posicionamento no mercado.

O processo de comunicação deve ser singular. Os públicos têm protocolos e costumes diferentes, mas a essência da comunicação e as mensagens principais partem de um tronco comum e precisam ser únicas. Nessa área comunicacional, quase nunca há uma segunda chance; mensagem, meio e público de interesse devem estar integrados, garantindo assim o *feedback*.

A comunicação deve ser desenvolvida em decorrência do público de interesse. Para realizá-la, também é preciso preencher outros requisitos:

- ter sempre clara a principal mensagem a ser passada;
- destacar os aspectos positivos da informação e jamais esconder as más notícias;
- lembrar que a comunicação faz parte de uma estratégia de atuação da organização, sendo necessário, portanto, agir de acordo com o que se divulga;
- transmitir a mensagem por partes e utilizando diversos meios;
- interagir com o público de interesse a fim de obter *feedback*.

2 Comunicação dirigida nas organizações

Resumidamente, para que uma empresa construa sua estratégia de comunicação, é preciso definir:

- *quem* são seus públicos;
- *por que* é importante relacionar-se com eles;
- *quando* e *onde* esse relacionamento deve acontecer;
- *quem* será responsável pela comunicação;
- *o que* deve ser dito;
- *qual* é o vínculo com as metas comerciais.

Para que um planejamento de comunicação seja eficaz, é necessário cumprir os seguintes passos:

1. Definir a missão institucional.
2. Identificar os públicos de interesse prioritários.
3. Levantar informações sobre os públicos, seus desejos e suas necessidades.
4. Determinar objetivos básicos.
5. Estabelecer as mensagens para cada público estratégico e as características gerais.
6. Identificar os melhores veículos (canais de comunicação).
7. Elaborar um plano de atividades para cada público de interesse.
8. Criar estratégias para implementar as atividades propostas.
9. Definir um cronograma com a indicação das atribuições de cada um dos envolvidos no processo.
10. Avaliar os resultados.

Geralmente, as organizações acabam criando barreiras, o que faz que não mantenham um bom relacionamento com seus públicos. Os anseios e as frustrações não são compartilhados. Além disso, são ignoradas as reações dos grupos diante das suas informações. Essas reações podem auxiliar nos esforços de produção e de vendas, caso sejam consideradas e analisadas.

É necessário que os serviços de relacionamento tenham objetivos convergentes, orientados pelos aspectos de colaboração e de aprimoramento da relevância estratégica. Cada área se diferencia quanto aos seus métodos operacionais – o marketing usa a comunicação persuasiva; as relações públicas, a informativa. Dessas áreas de relacionamento é lícito esperar um enriquecimento das contribuições e de posicionamentos, dilatando, dessa forma, a natureza e o âmbito de suas atribuições.

À medida que os profissionais de marketing e de relações públicas vão percebendo a extensão de suas atividades, um trabalho integrado se concretiza, de tal modo que as articulações mercadológicas para as transações de bens são desenvolvidas em harmonia com as metas econômicas e sociais da organização, e consumadas com efetivo respeito em relação ao interesse público. Tudo depende do objetivo proposto e das particularidades dos grupos-alvo das informações.

Certas organizações concentram suas ações comunicacionais num único evento, "com as proporções adequadas". Outras agem diferentemente, utilizando poucos veículos; algumas se valem de vários deles para aprofundar o relacionamento, caso as necessidades individuais das pessoas exijam uma abordagem perseverante.

Em outras palavras, não há uma única recomendação nem regras invioláveis. O que importa é priorizar os grupos, conhecê-los amplamente, preparar-se para atender a suas demandas e lidar com seus pontos de vista, e, então, passar a motivá-los, pela comunicação, para o diálogo, transformando-os em públicos.

Veículos de comunicação dirigida

No exercício da atividade de relações públicas, é preciso que todos os indivíduos tenham igual possibilidade de desfrutar de ampla liberdade e de um volume compatível de informações para que a coletividade se imponha.

Qualquer estrutura organizacional, independentemente de seu porte ou finalidade, deverá englobar as relações públicas. Consequentemente, pode-se dizer com segurança que, entre o ato que cria uma companhia, definindo sua missão e suas finalidades, e o resultado advindo dos serviços prestados, em decorrência dos objetivos firmados, há muito que construir. A comunicação que deve ocorrer com os públicos delineia a confluência entre as relações públicas e o marketing, constituindo áreas integradas de relacionamento.

Dessa forma, relações públicas e marketing devem ser visualizados como duas funções convergentes no enunciado e divergentes nas atividades e perspectivas.

Nos programas de informação, inegavelmente, as relações públicas, como método de ação, valem-se dos veículos de comunicação massiva – jornais, revistas, rádio, televisão, cinema e exposições. Tais veículos, por serem acessíveis, são bastante utilizados, muitas vezes com altos custos.

Contudo, as relações públicas não se restringem à comunicação de massa, pois a comunicação é apenas um dos instrumentos à disposição do profissional dessa área, e não a finalidade última de sua atuação. Isto é: comunicação equivale à atividade-meio, relações públicas equivalem à atividade-fim.

Existem três modelos distintos de comunicação:

- *Comunicação de massa*: dirigida às pessoas como indivíduos anônimos. Constrói-se sobre códigos-padrão, perceptíveis e decodificáveis por amplos segmentos da população. Exemplo: a comunicação exercida pela publicidade.
- *Comunicação segmentada*: dirigida a pessoas com determinado papel, trabalho ou ocupação na sociedade. Constrói-se sobre códigos próprios de uma profissão ou ocupação. Exemplo: a comunicação presente em redes ou comunidades profissionais e sistemas de educação continuada.
- *Comunicação dirigida*: destinada a grupos ou pessoas que contem com determinada especialidade ou diferença. Não se constrói sobre códigos-pa-

drão, mas sobre características próprias e diferenciais de cada receptor. Exemplo: a comunicação entre um grupo de amigos, na sala de aula ou em uma reunião de diretores e conselheiros de certa organização.

Se a empresa tem dificuldade de utilizar os veículos massivos, os dirigidos podem substituí-los vantajosamente. As peculiaridades dos públicos – sua origem, repertório e opiniões – ajudam a determinar as formas e veículos de comunicação mais eficazes no diálogo com eles.

As relações públicas lidam primordialmente com a comunicação dirigida; a seguir, uma possível classificação dos veículos envolvidos.

Veículos de comunicação dirigida escrita

- *Informativos*: avisos, cartazes, comunicados de imprensa, encartes, informes de reuniões, insertos em barras, manifestos, declarações públicas ou cartas abertas, sinalizações escritas, *teasers*, volantes.
- *Correspondência*: cartas, cartões-postais, circulares, memorandos, ofícios, telegramas.
- *Publicações*: almanaques, boletins de difusão técnica, boletins informativos, cartas informativas (*newsletters*), folhinhas, jornais de empresa, jornais murais, magazines, murais, revistas de empresa, relatórios públicos, balanços sociais, anais, cadernos, livros de empresa, programas, separatas ou reprintes, álbuns, apostilas, cartilhas, catálogos, folhetos, prospectos, revistas de histórias em quadrinhos.
- *Manuais*: de redação e estilo, de identidade visual, de instruções, de integração, de recursos humanos, de organização.
- Regulamentos: sistemas de sugestões, caixas de sugestões.

Veículos de comunicação dirigida oral

- *Conversas pessoais*.
- *Telefone* (de qualquer tipo).
- Sistema de alto-falantes.
- *Reuniões informativas*: conferama (conferência com dramatização), conferência, convenção de revendedores, entrevista coletiva, palestra, sabatina, seminário ou jornada, sessão de criatividade, simpósio.

- *Reuniões instrutivas*: aula, círculo de estudos, curso, dramatização, estudo de caso, grupo de verbalização e observação, jogos de empresa, oficina, *workshop*.
- *Reuniões questionadoras*: conferência com debates, congresso, debate, encontro municipal, fórum, mesa-redonda, painel, painel técnico.
- *Reuniões deliberativas*: assembleia de acionistas, assembleia de condôminos, assembleia de sócios, comissão de júri, comissão de trabalho, conclave, convenção partidária, junta.
- *Reuniões dialéticas*: parlamento, tribunal do júri.

Veículos auxiliares de comunicação dirigida

- *Recursos visuais*.
- *Recursos auditivos*.
- *Recursos audiovisuais*.

Veículos de comunicação dirigida aproximativa

- *Serviços de prestação de informações*.
- *Visitas dirigidas à empresa* (mostrando ginásios, auditórios, bibliotecas, museus, ambulatórios e outros logradouros usados pelo público).
- *Cessão de instalações e equipamentos da companhia*.
- *Eventos excepcionais* (inaugurações, comemorações e outros eventos congêneres).
- *Extensão comunitária* (donativos, concursos).
- *Patrocínios*.
- *Promoção do turismo*.
- *Programas de qualidade*.
- *Negociação*.

    Constata-se, assim, que a comunicação dirigida é responsável pela elaboração de mensagens eficientes e eficazes, sendo capaz de produzir os efeitos desejados no público de interesse da organização. Para tanto, todos os requisitos essenciais que caracterizam e estabelecem o processo de comunicação dirigida devem ser respeitados. Complementando esse enfoque, vale mencionar que a comunicação dirigida dispõe de mecanismos mais eficientes, mais diretos e mais econômicos para que se alcancem os públicos de interesse da organização.

Em resumo, a comunicação dirigida é totalmente determinada e controlada pelo emissor, o que dá segurança ao promotor do relacionamento. Essa comunicação é marcada pelo uso de veículos que, em comparação com a comunicação de massa, são menos dispendiosos, embora limitados quando se trata de grandes números.

A forma aqui abordada é a aproximativa, que permite estabelecer relações pessoais diretas entre a organização ou instituição e um público ou segmento com a finalidade de demonstrar, na prática, como age e se comporta uma organização. Trata-se do contato direto entre um grupo de interesse, ou seja, uma organização, e diversos outros grupos com os quais uma instituição deseje ou precise se comunicar.

Nessa linha de pensamento, é possível dizer que a comunicação dirigida aproximativa é um mecanismo que pode ser acionado para estabelecer e manter a compreensão mútua entre os interessados: de um lado, o público formado; de outro, a organização pública ou privada.

O evento é um veículo de comunicação dirigida aproximativa essencial no *mix* da comunicação. Esse tipo de veículo enfoca – de forma direta e quase exclusiva – o participante do evento.

A seleção cuidadosa dos veículos de comunicação e da linguagem utilizada nas relações com os diferentes públicos evita problemas. No caso de ausência de informações sobre o repertório do público para o qual a comunicação é direcionada as consequências costumam ser desastrosas. Na maioria das vezes, a organização dedica-se tanto aos programas concebidos pelos dirigentes que acaba ignorando os verdadeiros hábitos e necessidades da população. Além disso, no que diz respeito à comunicação, as instituições costumam ignorar as reações e as respostas do público diante de suas mensagens.

3 O evento como estratégia

O evento é uma estratégia de comunicação que atinge o público de interesse, divulga a marca de uma empresa, promove seus produtos, potencializa suas vendas e contribui para a expansão comercial e conquista de novos mercados.

Um mercado em ascensão

Os eventos vêm se tornando cada vez mais essenciais à vida econômica das empresas. A cada ano eles crescem em número e grau de sofisticação. Competindo com – e eventualmente superando – os investimentos em publicidade e propaganda, assumiram o papel de transformadores da imagem institucional.

Foi em 1967 que Roosevelt Hamam, fundador da primeira empresa brasileira de organização de congressos e eventos similares, iniciou o processo de profissionalização da organização de eventos no país. Desde então, passadas mais de quatro décadas, o setor cresceu de forma intensa e o mercado sofreu inúmeras alterações, motivadas pela massificação do segmento e pelos novos recursos tecnológicos.

Vale destacar que a indústria de eventos é extremamente carente de informações precisas sobre o seu processo evolutivo, sua relevância na economia nacional e seu significado para o desenvolvimento tecnológico e comercial da economia brasileira: trata-se de uma atividade que ainda não é reconhecida por sua capacidade de gerar empregos, impostos e riquezas.

No Brasil, a Associação Brasileira de Empresas de Eventos (Abeoc), em 2003, destacava um número crescente de eventos, traduzido pelo índice médio de expansão anual de 7%. Na época, já eram cinquenta mil eventos por ano, gerando mais de R$ 30 bilhões em negócios e atraindo cada vez mais participantes e visitantes. Complementando esse enfoque, pode-se dizer que o impressionante crescimento da área de eventos explica-se, sobretudo, pela produção de inúmeros benefícios para as organizações, bem como para seus públicos de interesse. Isso significa, por sua vez, que os eventos possibilitam, entre outros: a) melhoria nas relações com os públicos de interesse; b) lançamento de produtos/serviços da empresa voltado a seu mercado-alvo, ampliando assim sua visibilidade; c) geração de *mailing* para prospecção de novos clientes; d) aquisição de informações sobre o mercado e concorrentes; e) atualizações técnicas; f) transmissão de informações para os canais de distribuição; g) criação e fortalecimento da imagem/conceito institucional. Por ser dirigido, o evento consegue, em um tempo curto e de uma só vez, atingir boa parte do público de interesse das organizações.

Alguns autores, ao tratarem das vantagens dos eventos, preferem diferenciar situações nas quais são particularmente mais significativos, apontando as circunstâncias mais adequadas para determinados ramos de negócio ou para empresas de um tamanho específico. Todos concordam, no entanto, que os eventos são úteis para um número muito maior de situações do que se costuma acreditar. É justamente isso que faz deles uma atividade em crescimento em empresas de grande, médio e pequeno porte, e em todas as áreas de negócio (indústria, comércio, serviços etc.).

A transformação da mentalidade dos administradores das instituições públicas e privadas nos últimos anos permitiu que reconhecessem o impacto da opinião pública sobre seus serviços. Ao tomarem consciência de suas responsabilidades sociais e da soberania do consumidor, muitos empresários passaram a investir em ações que integrassem a organização à comunidade e aos consumidores.

É difícil imaginar um dia sem eventos. Eles constituem a mais nova "mídia" atuante em nosso meio. Tornaram-se estratégias de comunicação ligadas a produtos e marcas de todos os tipos. Mobilizam a opinião pública, geram polêmica, criam fatos, tornam-se acontecimentos e despertam emoções. Além disso, são, atualmente, a mais nova forma de "alavancagem" de qualquer negócio profissional. Sem eventos não se atrai público. Consequentemente, não há vendas, não há promoção de marcas ou produtos nem diversão, para ninguém. Enfim, nada se faz sem eventos. Esse princípio traduz sua significância para a indústria do entretenimento.

Não existe consenso quanto à conceituação do evento, e a dificuldade nesse aspecto se dá pela própria natureza da atividade, por seu dinamismo e abrangência. Todo evento é complexo, e o grau de dificuldade de execução não deve ser avaliado por seu porte, mas sim pelo contexto, pelos prazos, recursos e objetivos visados.

O sucesso profissional nesse ambiente complexo – planejamento, organização e realização de eventos – depende de várias habilidades e características muito especiais, como paciência, organização, senso de humor, habilidade comunicativa, diplomacia, conhecimento de normas de cerimonial e protocolo, educação, disposição, atenção aos detalhes, visão do todo e, principalmente, paixão pela excelência.

Improvisações de última hora – como atribuir incumbências a pessoas sem preparo específico – podem comprometer não apenas o evento em si, mas também a imagem e o conceito associados à organização e aos seus produtos ou serviços. Como as empresas vêm sendo "obrigadas" a investir cada vez mais na área de eventos, esses deslizes precisam ser evitados a todo custo.

O evento pode ser um dos componentes do *mix* de comunicação. O que o torna uma atividade de relações públicas e de marketing é a sua capacidade de reunir o negócio do patrocinador e os consumidores reais e potenciais num ambiente interativo. Como componentes do *mix* de comunicação das organizações, o objetivo dos eventos é minimizar esforços, fazendo uso da sua capacidade de sinergia com a finalidade de reunir pessoas em torno de uma ideia ou ação.

Um fator determinante para qualquer atividade promocional que leve a uma ação ou ideia é o público a ser atingido. Este é tão significante para uma organização que pode até decidir a própria existência de um "negócio". Os eventos, além de constituirem um negócio em si, envolvem também uma série de atividades, como a comercialização de produtos com sua marca, a instalação de pontos comerciais e estandes nos locais de sua realização etc. Reunir o maior número possível de negócios em torno do evento sem permitir que ele se descaracterize é um dos desafios enfrentados por seus organizadores.

O setor de eventos é peculiar porque a ferramenta em questão constitui um recurso valioso tanto nos bons momentos da economia quanto nos momentos de crise. Quando a economia se desenvolve, o setor cresce, porque há o lançamento de produtos/serviços, novos temas a ser discutidos em congressos, seminários e novas tecnologias a ser mostradas. Na crise, a área também se desenvolve, porque, para muitas organizações, realizar eventos é uma forma de driblar as dificuldades.

A correta utilização das estratégias de comunicação contribui para o sucesso da realização de eventos ao oferecer ao público a oportunidade de usufruir, por exemplo, manifestações artísticas e culturais de qualidade, e, às organizações, o ganho da visibilidade necessária à divulgação de suas marcas.

Na comunicação dirigida, o evento é utilizado com o intuito de criar ou fortalecer a imagem de organizações, produtos, serviços, ideias e pessoas. Promove entre os participantes uma aproximação (seja ela física ou virtual, sendo propiciada por recursos tecnológicos).

É preciso compreender que o evento significa uma ação do profissional por meio de pesquisa, planejamento, organização, coordenação, controle e implantação de um projeto, visando atingir seu público de interesse com medidas concretas e alcançar os resultados projetados. Uma organização pode utilizar o evento, como estratégia de comunicação, de diferentes formas para atingir seus objetivos, e essa utilização está sujeita a algumas variáveis:

1. Importância dos objetivos traçados.
2. Grau de retorno que se pretende obter.
3. Disponibilidade de verba para esse investimento.

Os eventos envolvem processos complexos que costumam demandar grande quantidade de pessoas e recursos financeiros. Por esse motivo, é primordial que haja um planejamento que conte com objetivos e públicos bem definidos, conteúdo e forma delineados, e uma rigorosa análise da relação custo/benefício.

Como todas as formas de comunicação, o evento visa sempre atingir um objetivo. Apesar de constituir uma função-meio, é frequentemente confundido com atividades com finalidades próprias, o que muitas vezes o transforma num acontecimento confuso, desgastante, com desperdício de verbas e de esforços.

Para concebê-lo, o organizador precisa primeiro determinar se o tipo de evento considerado de início é realmente adequado para atingir o objetivo em questão. Em seguida, deve verificar se a oportunidade é a ideal e se os recursos disponíveis são suficientes para que o evento tenha o nível de qualidade necessário – sem o qual o trabalho é submetido a uma linha de risco nada aconselhável.

Outro ponto a ser considerado é o tempo necessário para o cumprimento de todas as etapas do trabalho. Fazer um evento sem objetivos claros ou com metas conflitantes, em época inadequada, com prazo reduzido e recursos insuficientes é, no mínimo, um "suicídio profissional". Para fugir desse perigo, o organizador deve garantir que todos esses elementos sejam considerados.

A opção da empresa pelo evento é, sem dúvida, uma decisão estratégica, resultante de análise do mercado, produto, concorrência e dos outros componentes do *mix* de comunicação. Ao escolher o evento como estratégia, a empresa deve ter em vista os seguintes objetivos, isolada ou conjuntamente:

1. Aproximar o público da empresa e do produto.
2. Associar a marca ao evento ou atividade, criando um residual de lembrança.
3. Criar imagem favorável (*goodwill*) para a opinião pública.
4. Reduzir barreiras geradas por fatos, acontecimentos e situações negativas ocorridos no mercado em razão de problemas com produtos, fatores ambientais, culturais, sociais etc.
5. Ampliar o nível de conhecimento da marca.

Os eventos podem ser classificados tanto por seu conteúdo programático quanto pelos objetivos que os determinam. A natureza do evento está intimamente ligada à entidade que o promove, isto é, à intenção desta última para com o público de interesse.

Existem diversas formas de classificar os eventos. Neste livro, considera-se que a promoção de eventos age em dois campos da comunicação mercadológica: a) no campo da "promoção de persuasão" ou "promoção de vendas propriamente dita", estimulando diretamente a ação de compra do produto; b) no campo da "promoção de vendas com fins institucionais" (ou simplesmente "promoção institucional"), auxiliando na divulgação e na formação ou sustentação da imagem da empresa e do produto.

Os profissionais de relações públicas e de marketing devem ter em mente que o evento é também uma estratégia mercadológica, tanto em relação ao alto índice de retorno e resultados que a organização e seus produtos/serviços podem alcançar quanto aos cuidados a tomar para evitar dissabores. Uma pequena falha pode trazer sérios prejuízos, anulando todos os esforços e os resultados até então obtidos e ferindo a imagem conquistada. O sucesso de um evento faz que a imagem da marca do patrocinador na mente dos consumidores se torne mais intensa. O *recall* (lembrança e fixação da marca) é garantido, o que significa forte impulso para comprar o produto do patrocinador do evento.

Este, por sua vez, estabelece relações com os clientes potenciais, e a empresa se comunica melhor com seu mercado-alvo. O resultado é a promoção da marca e o aumento das vendas do produto. O sucesso do evento é transferido para a marca do patrocinador, sendo que o crescimento das vendas surge naturalmente. O marketing de eventos é uma ferramenta poderosa que ajuda empresas/produtos a motivarem sua audiência de forma espetacular.

Por essas razões, para que uma organização participe de um evento ou o promova, é necessário que adote certos procedimentos, tais como verificar se o evento é adequado aos objetivos e a qual categoria (promocional ou institucional) ele pode ser associado.

A opção por um tipo de evento (veja o Apêndice) deve estar em consonância com a elaboração de outros planos de comunicação, para que a imagem gerada nos eventos seja também perceptível quando forem utilizados os demais meios de comunicação.

4 Planejamento e organização de eventos

Apesar da constante realização de eventos, várias são as pessoas com lembranças desagradáveis de promoções mal organizadas e mal preparadas em função de uma estrutura inadequada. Apesar de organizarem eventos frequentemente, a maioria das empresas desconhece os benefícios decorrentes da sua promoção. Eventos são realizados com o propósito de aumentar a possibilidade de alcançar objetivos em curto, médio e longo prazo.

A organização deve decidir sobre sua participação em um ou outro evento (ou desenvolvimento de um evento), sendo que, após essa definição, inicia-se o planejamento, etapa fundamental, assim como em qualquer outra atividade da empresa. Portanto, depois da decisão de realizar (ou participar de) um evento, a organização deve levar em consideração os objetivos, os públicos e as estratégias a serem desenvolvidas para obter resultados positivos.

Um público é um grupo distinto de pessoas e/ou instituições que têm interesse real ou potencial em uma organização e impacto sobre ela, e é um dos principais itens a serem considerados para o sucesso de um evento.

Após a identificação dos públicos de interesse e do grau de relacionamento entre públicos e organização, são definidas as estratégias, ou seja, as ações a serem desenvolvidas para alcançar os objetivos propostos e atingir os públicos-alvo.

Há divergências entre os autores brasileiros no que diz respeito aos passos para a organização de um evento. Fundamentalmente, esses passos podem ser reunidos em quatro grupos: planejamento, organização, execução e avaliação.

Para que se possa compreender melhor as fases da elaboração de um projeto de evento, apresentamos a seguir um modelo de planejamento e organização baseado em ampla pesquisa bibliográfica. Foram também analisados os resultados obtidos em pesquisa de campo, considerando definições, tipos e classificações apresentadas.

Modelo de planejamento e organização de eventos

De forma simplificada, o processo de planejamento consiste em estabelecer em que ponto uma organização se encontra no presente e para que ponto seria mais aconselhável se dirigir no futuro, acrescentando a definição das estratégias ou táticas necessárias para atingir tal ponto. Em outras palavras, o processo de planejamento se interessa pelos fins e pelos meios para atingir o ponto ideal.

Para que possa se engajar produtivamente no processo de planejamento, o organizador de eventos precisa ter em mente uma série de questões. Entre elas, a necessidade de monitorar e avaliar o progresso, coordenar decisões em todas as áreas – para possibilitar que a busca dos objetivos do evento avance – e inspirar e motivar os responsáveis pela execução dos vários elementos do plano. Com o planejamento sendo reconhecido como uma ferramenta de gerenciamento, deve-se também notar que o engajamento efetivo nessa atividade implica uma dose de disciplina da parte do organizador de eventos.

Quando começa o processo de planejamento do evento? A resposta a essa pergunta depende do ineditismo ou não do evento, ou seja, se será realizado pela primeira vez ou não. A fim de facilitar a visualização dos passos fundamentais para o planejamento e a organização de eventos, propomos o modelo expresso na Figura 1.

Tal modelo procura ser genérico, servindo a todos os organizadores de eventos, mas exibe características específicas que os profissionais de relações públicas e de marketing devem utilizar no relacionamento com os públicos das organizações.

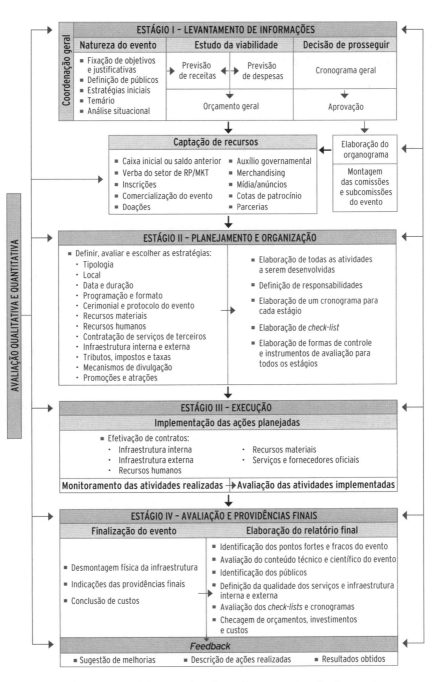

Figura 1 – Modelo para planejamento e organização de eventos.

Estágio I – Levantamento de informações

Nessa etapa, decide-se a natureza do evento e realiza-se o estudo de viabilidade econômica. Elabora-se um plano inicial, traçando as linhas gerais do evento, que funciona como um esboço a ser apresentado ao promotor/contratante ou organizador. Tal plano deve conter as estratégias primárias que podem ser adotadas, incluindo uma análise situacional, um orçamento e um cronograma geral, para que seja tomada a decisão de prosseguir, ou não, com o planejamento e a organização. Esse levantamento de informações deve ser feito pela coordenação geral do evento.

Natureza do evento

O primeiro passo para a análise do evento é definir claramente sua natureza, ou seja, qual tipo de evento pode atender aos objetivos fixados. Estes precisam ser claros, precisos, amplos e também específicos. Devem definir resultados, proposições e expectativas a serem satisfeitas, bem como a *justificativa* para que o evento ocorra. É necessário identificar o promotor do evento (e o responsável pelo pré-projeto/projeto) e apresentar as credenciais que o qualificam para desempenhar suas funções. Também é necessário detalhar os motivos e o mérito do evento.

Em seguida, é essencial que se defina o público de interesse. Isso significa decidir que pessoas serão visadas: físicas ou jurídicas? De quais segmentos? De quais regiões geográficas? Com qual perfil econômico? Nos eventos, essa definição é fundamental para que se possam desenvolver as demais etapas do planejamento. A atenção e a cautela na escolha do público devem nortear essa fase.

Também devem ser analisadas as *estratégias iniciais*, ou seja, as possibilidades para a realização de um evento, envolvendo levantamento de recursos disponíveis, infraestrutura e serviços necessários, possíveis locais, indicação do número de pessoas e outros componentes que possibilitem uma macrovisão do evento. As estratégias constituem fator determinante dos resultados de um evento e do sucesso em seu planejamento e organização.

O passo seguinte é definir o *temário* do evento; este determinará todas as decisões com respeito à realização e à organização. O temário se relaciona com diversos aspectos do evento: escolha do local, confecção de convites e de material de apoio, divulgação, entre outros. Deve ser objetivo, impactante, atual, e principalmente sintetizar todas as metas esperadas com o evento. É indispensável que ele tenha a capacidade de estimular o interesse em participar no evento.

Nessa fase, ainda, deve-se fazer uma *análise situacional*, ou seja, uma análise dos ambientes interno e externo, além de detectar as ameaças, oportunidades e fatores condicionantes ligados à realização do evento. Isso implica recorrer às fontes já existentes, buscando informações de eventos anteriores, dados dos censos e relatórios genéricos sobre questões pertinentes ao evento. São exemplos desses dados as condições climáticas e os aspectos políticos/legais, econômicos, socioculturais, tecnológicos e demográficos. É preciso também avaliar a concorrência por meio de uma análise conjuntural – ou, mais precisamente, fazer um levantamento acerca do mercado, de seu potencial de demanda e de sua capacidade de oferta. Toda informação que permitir uma visão mais apurada do cenário por trás do evento será relevante.

Estudo da viabilidade

O planejador do evento precisa se assegurar da capacidade da organização que ele representa, ou seja, analisar custos e benefícios antes da decisão de prosseguir. Várias considerações podem ser feitas durante a realização do estudo da viabilidade. É preciso definir de onde virão os recursos e como serão aplicados, além de identificar alguns aspectos essenciais ao orçamento, como: disponibilidade de suporte financeiro do setor público/privado; nível de apoio político; recursos do local em que o evento será realizado; existência de patrocinadores e outras formas de *captação de recursos*. O grau de complexidade desses estudos varia para cada tipo de evento. Porém, o mais importante é realizá-lo de modo inteligente e profissional, buscando diferentes formas de obter o equilíbrio entre *receitas* e *despesas*, sem que se esqueça a questão do lucro.

Após essa análise de custos, elabora-se o orçamento geral, incluindo todos os itens materiais e humanos para a alocação de verbas. Deve-se apresentar um planejamento referente à captação dos recursos. O orçamento pode ser descrito como uma declaração quantificada de planos, que são expressos em termos numéricos. O processo orçamental inclui a fixação dos custos e a determinação da receita e respectiva alocação de recursos financeiros. Compõe-se o demonstrativo do cálculo das *receitas* e das *despesas*, que devem ser dimensionadas em moeda corrente. Trata-se de conhecer de onde vêm os recursos e para onde vão; identificar qual porcentagem de recursos deriva de cada área; analisar os gastos da organização e descobrir os pontos nos quais as despesas estão sendo muito altas; determinar onde pode haver flexibilidade para aumentar os recursos; tomar decisões sobre diversas variáveis de modo inteligente e profissional.

Receitas

Há diversas maneiras de obter recursos financeiros para viabilizar um evento (variando, principalmente, de acordo com sua tipologia). Veja a seguir alguns elementos envolvidos na captação de verbas:

- Caixa inicial ou saldo anterior, referindo-se a saldos remanescentes de edições anteriores.
- Verbas provenientes do planejamento anual do setor de relações públicas e de marketing.
- Inscrições, com a devida definição dos critérios para a adesão ou admissão do participante.

- Comercialização do evento (material do participante, estandes, *banners*, uniformes etc.), sendo preciso usar a criatividade para incrementar a receita.
- Doações, as quais devem ser contabilizadas, pois às vezes são a única forma de obtenção de renda de um evento.
- Auxílio governamental, que pode ser municipal, estadual ou federal, ou se originar de incentivos fiscais ou, ainda, caracterizar-se pela cessão de infraestrutura.
- *Merchandising*, o qual, se bem administrado, pode ser uma excelente fonte de renda.
- Anúncios, que podem ser inseridos, assim como marcas de produtos ou empresas, no evento.
- Cotas de patrocínio, apoio e permuta, as quais exigem profissionalismo; o estabelecimento de cotas de patrocínio, apoio ou permuta constitui o grande diferencial em termos do equilíbrio econômico do evento.

Despesas

Entre as despesas mais frequentes de um evento estão aquelas provenientes de:

- Estratégias de comunicação e marketing: despesas que se referem à forma de divulgação do evento; por quais meios de comunicação; que tipo de material promocional deve ser elaborado, qual assessoria deve ser contratada. Essas e outras questões têm de ser respondidas na definição de estratégias.
- Recursos materiais: todos os produtos que garantem a operacionalização do evento
- Recursos humanos: deve-se relacionar todos os profissionais necessários para desenvolver as atividades previstas, bem como a infraestrutura específica necessária para que estes possam desenvolver suas funções.
- Contratação de serviços e fornecedores oficiais.
- Infraestrutura interna e externa.
- Eventos paralelos (sociais, culturais e turísticos): também devem ser computadas as despesas com eventos paralelos, mesmo que não haja cobrança de seus participantes
- Tributos, impostos e taxas.

O orçamento de um evento é usado para comparar os custos reais com os custos projetados; sua função é se tornar o controle-mestre do evento. Com um orçamento bem balanceado, os responsáveis por todas as áreas terão consciência do seu limite de gastos e poderão se concentrar no trabalho conjunto.

Decisão de prosseguir

No planejamento do evento, os resultados do estudo da viabilidade visam determinar se e quando o evento deve acontecer. Após uma análise criteriosa dos recursos disponíveis, ou seja, dos elementos estudados no estágio anterior, é que se decide pela realização ou não do evento. Em seguida, elabora-se um *cronograma geral*, contemplando os prazos para sua implementação.

Aprovação

Após a análise das etapas anteriores, principalmente a da *política de captação de recursos*, o plano do evento deve ser então submetido à aprovação do contratante, do promotor e do organizador.

Caso eles optem por implementar o evento, a coordenação geral elaborará um *organograma*, que é a descrição da composição das *comissões e subcomissões* responsáveis pelas atividades definidas. Vale lembrar que os organogramas devem ser adaptados conforme o tipo e o porte do evento. As comissões podem ter formatos diferentes. O imprescindível é que cada uma, independentemente do modelo utilizado, conheça suas funções e tenha todas as atividades predeterminadas desde a concepção inicial. A composição das comissões e subcomissões será detalhada no capítulo 5.

Captação de recursos

Com base no orçamento geral e na política de captação de recursos elaborados anteriormente, inicia-se a busca dos recursos que viabilizarão o evento, conforme apresentado no item "receitas". Quanto maior a abrangência e mérito do evento, maior a antecedência necessária para captação de recursos, além da periodicidade que alguns eventos possuem.

Estágio II – Planejamento e organização

O segundo estágio do modelo propõe as fases para o planejamento e a organização de eventos. O objetivo é produzir o evento no tempo previsto e de forma que atenda as metas predeterminadas no primeiro estágio. Caso todos os passos dessa etapa tenham sido bem realizados, haverá uma sólida base para que a organização de toda a estrutura do evento se efetive sem maiores problemas.

É importante lembrar que esse estágio contém elementos muito parecidos com os do primeiro. O grande diferencial é que, agora, o detalhamento deve ser muito mais esmerado e rigoroso.

Definição, avaliação e escolha das estratégias

Estratégias são as ações desenvolvidas e executadas para alcançar os objetivos propostos e obter os resultados almejados. Essa fase é a mais complexa e exaustiva do planejamento de um evento. As estratégias constituem fator determinante para o sucesso do evento. Delas devem constar decisões fundamentais como as que são descritas a seguir.

Tipologia do evento

O título do evento deve exprimir seus objetivos e ser de fácil assimilação. Isso facilita a divulgação e memorização. Deve-se pensar muito bem nesta fase, pois a estrutura ou o formato escolhido e o programa planejado podem definir a tipologia do evento.

Definição do local

Para a determinação do local, deve-se pensar na imagem que os participantes terão do evento e, por extensão, da organização. O local escolhido deve ter, no mínimo, uma infraestrutura básica e adequada ao evento proposto (salas, estacionamento, água, luz etc.) e ser compatível com a capacidade exigida para o total de participantes. É preciso também levar em conta o propósito, as necessidades físicas e os objetivos do evento.

As peculiaridades da estrutura e o perfil da demanda definem a tipologia dos eventos mais frequentes em determinado local. Cada espaço costuma sediar um (ou mais) tipo(s) de evento e, para sua escolha, algumas referências devem ser observadas, como: acessibilidade; estacionamento próprio; opções de transporte público e privado; número adequado de atendentes; boa sinalização; facilidade de acesso a farmácia, pronto-socorro e lojas de conveniência; elevadores e rampas de acesso entre outros.

Entre os critérios de escolha, alguns itens necessitam de atenção especial: a infraestrutura de apoio administrativo (salas extras); os serviços de apoio logístico (equipamentos e materiais diversos); o apoio externo (segurança, estacionamento, facilidade de acesso, de transporte e de alimentação); conforto dos participantes; adequação financeira.

Depois de todo o levantamento, faz-se um estudo comparativo para a escolha do melhor local, sempre lembrando que devem ser analisadas as características básicas do evento a ser realizado. Aconselha-se visitar pelo menos três locais antes da definição, com a solicitação, em seguida, de um contrato com todas as especificações bem descritas. Somente após a assinatura do contrato de locação as outras atividades devem prosseguir.

Data e duração

A definição da data do evento é fundamental. É preciso ter cuidado para evitar a proximidade com eventos de natureza diversa (religiosa, esportiva, cívica etc.) – em âmbito local, regional, estadual, nacional ou internacional – que possam afetar a participação do público de interesse. Resumidamente, devem-se evitar:

- datas coincidentes com outros eventos;
- feriados prolongados ou períodos próximos deles;
- épocas de crise política, religiosa, cívica ou socioeconômica;
- datas em que os participantes tenham várias despesas (início do período escolar, pagamento de impostos etc.).

Os eventos realizados às segundas e sextas-feiras costumam ter baixa frequência e devem ser evitados, excetuando-se, no segundo caso, eventos realizados em casas noturnas, bares e choperias. A segunda-feira deve ser evitada por ser o primeiro dia útil da semana, tido por muitas pessoas como um dia "desanimado" e "chato" – e com muitos restaurantes fechados. Também devem ser evitados o primeiro e o último dia do mês, em virtude do fechamento das vendas e da folha de pagamentos, entre outros. As melhores datas para realizar um evento concentram-se, portanto, entre os dias 11 e 25 do mês.

A data escolhida deve ser a de maior conveniência para os principais patrocinadores, as entidades promotoras, os associados e o governo. A escolha da tipologia do evento define também sua duração. Dessa forma, se o evento for mais longo, o calendário deverá conter uma sequência lógica e boa distribuição do tempo em relação às atividades e datas.

Programação e formato

A programação é a sequência organizada das diferentes atividades a serem desenvolvidas no evento, ou seja, o fluxo das diversas atividades, caracterizadas por meio de temário, data e horário de realização. Ela é definida para facilitar a compreensão do temário escolhido. Sua determinação indica o *formato* e o tipo de evento ideais para cumpri-la da forma esperada.

Cerimonial e protocolo

A planificação inicial do desenvolvimento do evento lida, basicamente, com as seguintes questões: o quê? Por quê? Para quem?

Quando? Todo evento envolve um público de interesse e, em razão disso, as regras de etiqueta, boas maneiras e protocolares devem estar contempladas no planejamento.

Cerimonial é o conjunto de formalidades regidas por lei, tradição e cultura que devem ser observadas em qualquer evento, seja público, seja privado. É essencial frisar que o *serviço de cerimonial não deve ser confundido com a organização de eventos.*

Esta exige um plano específico, bem como uma série de procedimentos técnico-administrativos diferentes daqueles do cerimonial. Ele, por sua vez, requer atitudes no sentido de se cumprirem regras conforme a necessidade do momento, adequando-se à situação.

Assim, dentro de um evento, o cerimonial pode ocorrer como uma etapa, já que se atém a questões referentes a discurso, lugar de honra, placa comemorativa, bandeira e hino, fila de cumprimentos, visita de autoridades, delegações, recepção, fita inaugural, bênção de instalações, composição e plano de mesa, banda, jantar/– e coquetel, homenagem, condecorações etc.

O cerimonial é entendido como atividade relacionada à comunicação e à imagem, uma vez que trabalha a forma como a instituição será vista, bem como suas autoridades. Assim, o cerimonial, durante a organização do evento, pressupõe que essa imagem seja transmitida e mantida.

Os procedimentos cerimonialísticos dos poderes Judiciário, Legislativo e Executivo decorrem do Decreto Federal n. 70.274, de 1972, que normatiza a hierarquia das autoridades do Brasil, os comportamentos protocolares da cultura brasileira e os universalmente aceitos nas relações internacionais. A lei n. 5.700/1971 legisla sobre a bandeira nacional: hasteamento, arriamento, disposição, condução, e sobre outros símbolos da República. As normas estabelecidas pelo cerimonial não costumam ser subestimadas. No planejamento de eventos, a imparcialidade em relação à precedência e à sequência das cerimônias contribui para que esses atos sejam respeitados e acatados com credibilidade em qualquer cultura. Erros no cerimonial podem ter consequências econômicas/diplomáticas significativas.

Em todos os eventos, há uma parte cerimoniosa, formal ou informal, na qual o administrador principal da organização e sua assessoria, auxiliares, acionistas, funcionários e convidados podem ser colocados em evidência. É função e responsabilidade do organizador de eventos organizar a agenda de eventos, recepções oficiais, audiências e viagens, conduzir solenidades, elaborar convites, efetuar compra de presentes para troca em cerimônias, programar passeios turísticos, promover hasteamento de bandeiras, confecção de placas, medalhas e diplomas, elaborar cartões de cumprimentos e agradecimentos, anteceder o dirigente maior nos eventos de que participará em caráter oficial, elaborar o calendário social da organização e promover as datas cívicas contidas no calendário anual.

Recursos materiais

Englobam os produtos que garantem a operacionalização do evento. Devem ter um padrão, sobretudo no que diz respeito às cores e ao visual. Esses recursos podem ser reunidos nos seguintes: recursos audiovisuais; equipamentos em geral; material de divulgação (de acordo com as promoções que serão realizadas); e diversos (correios, combustível, medalhas, mastros, bandeiras etc.).

Recursos humanos

Devem-se relacionar todos os profissionais necessários para desenvolver as atividades previstas, bem como a infraestrutura específica para que eles possam desenvolver suas funções: profissionais que serão contratados, palestrantes, sua alimentação, treinamento, uniformes, dentre outros.

Contratação de serviços de terceiros

De acordo com as necessidades específicas de cada evento, pode ser necessária a contratação de serviços de terceiros: bufê, recepcionistas, transportes, manobristas etc. É fundamental comprovar a qualidade e idoneidade dos serviços prestados pelas empresas a ser contratadas.

Infraestrutura interna

Refere-se à infraestrutura logística e operacional (salas, auditórios, estandes, mobiliário, material de secretaria e limpeza, segurança, alimentos e bebidas etc.) necessária para o funcionamento do evento, que deve ser adequada à quantidade prevista de participantes e aos objetivos da realização.

Infraestrutura externa

Refere-se a todos os serviços ou equipamentos (transporte local, *welcome desk*, posto de atendimento em hotéis, sinalização etc.) necessários para o bom andamento do evento fora dos limites físicos do local em que ele acontece.

Tributos, impostos e taxas

Os valores a ser pagos aos diversos órgãos responsáveis. Cada evento pode apresentar um valor diferente.

Mecanismos de divulgação

Definem como será feita a divulgação do evento, os meios de comunicação que serão utilizados e o tipo de material promocional que será confeccionado. O material promocional, como um todo, tem por função captar a atenção dos públicos-alvo por meio de uma mensagem clara, direta, limpa, bonita e agradável. Precisa conter elementos como criatividade, visual atraente, harmonia, memorização facilitada, originalidade, beleza, equilíbrio. Do ponto de vista semântico, a programação visual precisa transmitir a mensagem que deverá atingir os públicos de interesse.

A marca (nome) do evento – ou o símbolo (logotipo) – tem de ser criada, produzida e inserida em todos os meios de comunicação envolvidos, tais como: papel de carta, envelope, ficha de inscrição, cartão de boas-vindas, crachá, pasta, bloco de anotações, caneta, lápis, programa, regulamento, tíquete de almoço, lauda, *press kit*, recibo, certificado, adesivo para carros, tíquete de estacionamento, folheto informativo, cartazete, anúncio, *outdoor*, *busdoor*, faixa, placa indicativa de locais, placa sinalizadora, mapa de acesso, braçadeira, painel no local do evento, painel para fotos, painel para recortes de jornal, brindes etc.

A fase da divulgação precisa ser realizada com muita antecedência para evitar transtornos relativos ao cumprimento dos prazos. Os orçamentos devem especificar muito bem condições de pagamento, prazos, qualidade desejada e quantidade. Após a contratação dos serviços, ordena-se a impressão do material, o qual deve ser conferido antes de ser utilizado.

Definição de promoções e atrações

Além da parte técnica e formal dos eventos, a fim de integrar socialmente os participantes, podem ser programados eventos paralelos (sociais, culturais e turísticos) e, ainda, atividades esportivas e gincanas. É fundamental lembrar que todas as decisões relativas a estratégias do evento variam conforme seu tipo e dimensão.

Relação das atividades a serem desenvolvidas

Devem ser descritas todas as atividades executadas no planejamento dos eventos – da elaboração do projeto, implementação e execução até a finalização. Para facilitar o acompanhamento, sugere-se que essas atividades sejam divididas em três etapas: o pré-evento, que compreende os itens mencionados no Estágio II do modelo; a execução, que equivale ao Estágio III, o qual será descrito a seguir; e a fase pós-evento, equivalente ao Estágio IV do modelo proposto.

Definição de responsabilidades

Aqui se inicia o detalhamento de todas as funções que devem ser desenvolvidas para a realização do evento. É o momento em que ocorre a fixação de responsabilidades individuais ou grupais. Os cargos e funções precisam ser muito bem sistematizados em todos os estágios. As providências necessárias devem ser previstas e tomadas por comissões estabelecidas especificamente para esse fim, podendo ser organizadas de acordo com os departamentos envolvidos ou o pessoal disponível.

Elaboração de um cronograma para cada estágio

Para aumentar ainda mais a eficiência no planejamento de eventos, o cronograma tem de incluir o nome do responsável pela execução de cada atividade relacionada. Assim, especificará tarefas, estabelecerá prazos de execução e determinará responsabilidades. É peça imprescindível na fase de operacionalização do evento. Traduz-se na representação gráfica de todas as atividades num determinado espaço de tempo. Essa representação pode ser feita de acordo com os seguintes critérios:

- temporal: ordem em que as atividades devem ser executadas;
- por responsabilidade: ordem baseada nas funções de cada pessoa ou grupo de pessoas;
- por atividade: ordem baseada em cada atividade a ser executada.

Elaboração de *check-list*

Trata-se da listagem de todas as providências a serem tomadas para a execução de um evento. Ela detalha pormenorizadamente atitudes, providências, tarefas, materiais ou necessidades do evento. Quanto maior a sua complexidade e mais longa a duração do evento, mais evidente se torna a sua importância.

Vale destacar que não existe modelo-padrão para a elaboração de cronogramas e *check-list*; cada evento tem suas peculiaridades, e esses instrumentos devem ser elaborados com base na definição das estratégias a serem implementadas.

Formas de controle e instrumentos de avaliação

O controle e a avaliação têm como objetivo assegurar que todos os acontecimentos na organização do evento não fujam ao esperado.

Podem abranger desde a simples presença do organizador no local e o acompanhamento do progresso até a implantação e monitoração de um plano detalhado de responsabilidade. O controle pode ser feito por meio de reuniões e com base em relatórios financeiros, administrativos, de controle de pessoal, entre outros.

A avaliação costuma ser negligenciada no planejamento de eventos, contando com poucos recursos e atraindo pouca atenção. No entanto, somente por meio dela se pode determinar se foram bem-sucedidos os esforços para atingir os objetivos estipulados.

Devem ser avaliados, quantitativa e qualitativamente, durante o planejamento e a organização, todos os envolvidos no evento, além do processo de planejamento.

Estágio III – Execução

Nessa fase, todas as ações planejadas nos estágios anteriores são implementadas, acompanhadas e monitoradas. Não é uma tarefa simples, pois demanda do profissional responsável muito tempo, vigor e paciência. Ele deve verificar se tudo que foi planejado está ocorrendo, de fato e a contento, conforme o estabelecido.

Efetivação de contratos

A contratação de qualquer fornecedor para eventos deve ser precedida por uma criteriosa seleção, com a análise da competência, reputação, experiência, qualidade dos serviços e preço. Todo serviço deve ser regulado por um contrato, com detalhes de deveres e direitos e, ainda, um cronograma de atividades. É interessante manter um banco de dados com os principais fornecedores de serviços nessa área.

Monitoramento das atividades

Nessa fase, deve-se reunir o pessoal envolvido, revisar e discutir todas as atividades a serem executadas e empregar os instrumentos de controle e acompanhamento elaborados no estágio do planejamento e organização.

Avaliação das atividades implementadas

Avaliação é o processo de observação, mensuração e monitoração crítica, incluindo a análise precisa dos resultados. Ela possibilita a criação de um perfil do evento, delineando características básicas e dados estatísticos importantes. Também permite que se apresente um *feedback* aos parceiros do evento, constituindo uma ferramenta para análise e aperfeiçoamento.

A avaliação deve ocorrer durante toda a fase de planejamento e organização. No entanto, a forma mais comum é a avaliação pós-evento. Essa ferramenta, desde que devidamente aplicada, é a chave para o contínuo aperfeiçoamento e o prestígio dos organizadores de eventos.

Estágio IV – Avaliação e providências finais

O quarto estágio do modelo proposto apresenta as providências finais a serem tomadas.

Finalização do evento

Uma vez encerrado o evento, e antes que a administração se dissolva e a preparação para a próxima realização seja iniciada, é necessário solucionar possíveis pendências e encaminhar o processo do planejamento a uma conclusão satisfatória. Para a finalização de um evento, deve-se fazer uma reunião de coleta de informações para *feedback* e proceder à desmontagem física de sua infraestrutura.

Deve-se também elaborar a conclusão de custos, com o fechamento das contas e preparo dos relatórios financeiros. Dentre as providências finais, podem ser citadas: cumprimento das obrigações contratuais e estatutárias, agradecimento a participantes e parceiros envolvidos e, finalmente, elaboração de um relatório final (completo) dos resultados, que deve ser distribuído a todos os parceiros.

Elaboração do relatório final

Após a avaliação, devem-se considerar os resultados dos instrumentos elaborados e aplicados perante todos os públicos envolvidos, no intuito de identificar os pontos fortes e fracos do evento; deve-se também avaliar seu conteúdo técnico e científico; identificar o perfil dos públicos que compareceram; avaliar a qualidade dos serviços prestados; avaliar aos *check-lists* e os cronogramas; e verificar se os objetivos propostos no planejamento foram alcançados. É necessário, ainda, verificar o orçamento, os investimentos e os custos.

Convém destacar que a qualidade do relatório final contribui fundamentalmente para a constituição da imagem do profissional dedicado à organização de eventos. Por meio desse documento, o promotor poderá fazer uma análise de todo o processo de trabalho e avaliar os resultados obtidos. Assim, além de uma apresentação gráfica de alto nível, o relatório deve contar com uma minuciosa descrição das ações realizadas e ilustrações (gráficos, tabelas, quadros etc.) referentes a todos os dados colhidos ao longo do evento.

Feedback

Nessa etapa, podem-se propor alterações para a melhoria da montagem e execução em um próximo evento. Além disso, é aconselhável fornecer uma minuciosa descrição das ações realizadas e dos resultados obtidos com o evento – os quais, de acordo com a oportunidade, podem ser divulgados e ainda servir como base para agradecimentos aos colaboradores e participantes. Todos os organizadores de eventos devem ter como imprescindíveis a adequada avaliação de seus eventos e a divulgação dos resultados entre os públicos envolvidos. Caso essa avaliação seja bem conduzida, ela não apenas valorizará sua forma de organização de eventos, como também exaltará o desempenho deles próprios como verdadeiros profissionais.

parte II Execução de eventos
sistematização e providências

5 Atividades das comissões de um evento[1]

O evento pode ser estruturado por uma coordenação central, com presidente, secretário e coordenador geral. Estes devem constituir uma comissão organizadora, que será tão mais ampla quanto mais abrangente, complexo e sofisticado for o evento. A comissão organizadora pode ser simplificada, acumulando funções ou agrupando serviços operacionais; cada equipe deve apresentar um projeto específico, tratando de suas atribuições e providências. Isso significa que as comissões são montadas de acordo com o porte e a significação de cada evento, podendo-se, assim, suprimir ou acrescentar atividades.

Coordenação central

Ao presidente compete estabelecer as linhas gerais do evento, delegar, dirigir, coordenar e supervisionar as tarefas constantes no planejamento. Estas são as suas atividades previstas:

- Presidir o evento.
- Indicar o coordenador geral e o secretário.
- Indicar os coordenadores das comissões.
- Escolher assessores especiais para assuntos específicos.
- Transformar em ação as recomendações da presidência da empresa organizadora.
- Coordenar as comissões e, se necessário, convocar e substituir membros.

---

1. Capítulo com base em documentos produzidos pela Associação Brasileira de Relações Públicas (ABRP) em diversas épocas.

- Convocar e presidir reuniões com as diversas comissões de trabalho, ou indicar alguém para presidi-las.
- Estabelecer sistemas de controle para as comissões e fazer que sejam cumpridos.
- Prever novas tarefas e distribuí-las às comissões, controlando sua execução.
- Supervisionar e avaliar os programas de trabalho e os cronogramas das comissões.
- Solicitar às diversas comissões relatórios periódicos e projetos específicos (acompanhados de orçamento).
- Oferecer apoio estratégico às comissões, visando ao cumprimento das determinações do projeto geral do evento.
- Definir, contratar, distribuir e controlar os recursos humanos necessários.
- Juntamente com a comissão de cerimonial, estabelecer contatos com autoridades e outras personalidades para solicitar recursos ou a participação delas no evento.
- Representar formal e legalmente o evento.
- Fornecer pareceres quando solicitados.
- Decidir sobre questões controversas que possam surgir antes, durante e após a realização do evento.
- Manter-se informado e informar a presidência da empresa sobre a preparação, a realização e a avaliação do evento.
- Auxiliar na preparação do regimento geral e regulamento das sessões.
- Instalar as sessões de abertura e encerramento do evento.
- Coordenar as sessões plenárias ou indicar alguém para presidi-las.
- Recepcionar convidados especiais ou indicar alguém para recebê-los.
- Participar ativamente da programação social.
- Controlar a liberação de recursos financeiros para a realização de tarefas.
- Assegurar o controle financeiro.
- Assinar o relatório final, divulgando-o entre as entidades promotoras do evento.
- Orientar os trabalhos e assegurar o pleno atingimento dos objetivos traçados.
- Acompanhar todo o trabalho das comissões, desde sua implantação até o relatório final.

- Após o evento, preparar a desmobilização gradual e geral de serviços, comissões, pessoal, materiais e equipamentos, solicitando a devida prestação de contas.
- Providenciar os agradecimentos, que devem ocorrer pessoalmente ou por ofício – no caso de órgão público –, aos que colaboraram para a realização do evento, especialmente oradores, patrocinadores e expositores.
- Estar atento a outras tarefas pontuais ou necessidades não previstas, administrando-as.

Coordenador adjunto

É um membro indicado por uma das entidades promotoras de um evento para fazer parte da comissão organizadora, cabendo-lhe dividir atribuições com o coordenador geral, especialmente as relacionadas com providências no local do evento. O coordenador adjunto deve acompanhar o desenvolvimento das atividades, mas não exerce função executiva. Geralmente nomeia-se um coordenador adjunto quando as instituições que promovem o evento estão localizadas em cidades ou regiões diferentes daquela em que se realiza a promoção. Evita-se, assim, o deslocamento constante do coordenador geral.

Secretário

Ao secretário do evento compete a administração de todo o trabalho definido pela presidência, além da coordenação e supervisão das comissões de trabalho durante a execução do cronograma estabelecido pelo coordenador geral. Estas são suas atividades previstas:

- Atuar como elo entre a presidência e as comissões, coordenando e supervisionando o trabalho delas, desde o preparo até a avaliação final do evento.
- Fazer que se cumpram as determinações da comissão organizadora central.
- Marcar e coordenar as reuniões da comissão organizadora central e reuniões gerais.

- Acompanhar o andamento de todos os trabalhos, atendendo a solicitações das comissões.
- Prever novas tarefas, distribuí-las às comissões e controlar sua execução.
- Redigir, preparar e enviar a correspondência da comissão organizadora central.
- Supervisionar a correspondência das demais comissões.
- Executar o trabalho burocrático, como digitação de memorandos, cartas, ofícios, relatórios, preenchimento de impressos, preparação de matrizes etc.
- Selecionar material instrucional, como regimento, normas e rotinas.
- Tomar todas as providências quanto a materiais, equipamentos e pessoal para a constituição da secretaria geral do evento.
- Informar a presidência sobre todas as questões financeiras.
- Cumprir novas funções atribuídas pela coordenação central do evento.
- Estar atento a outras tarefas pontuais ou necessidades não previstas, administrando-as.

Serviços gerais

A principal função do coordenador (e da equipe) de serviços gerais é cuidar da logística das tarefas e dar a devida atenção a todas as exigências operacionais e solicitações de serviços técnicos e profissionais. O coordenador determina as atividades que serão realizadas e define os responsáveis pela execução. Estas são as atividades relacionadas aos serviços gerais:

- Definir a necessidade de serviços de informática, bem como providenciar a instalação e garantir o funcionamento e a manutenção de equipamentos.
- Definir a necessidade de contratação de profissionais e prestadores de serviço e selecioná-los.
- Instalar telefones, fax, computadores com acesso à Internet em apoio as demais comissões.
- Disponibilizar equipamento fotográfico, apoiando o trabalho de divulgação e de atendimento aos participantes.
- Providenciar serviços de som, gravação e tradução simultânea, acompanhando-os.

- Providenciar lanches e refeições para o pessoal de apoio, fixando sistemática e horários.
- Criar e manter serviço de reprodução de materiais para tarefas operacionais dos participantes do evento.
- Traçar o leiaute do local do evento para sinalizá-lo adequadamente, além de imprimir mapas e outros materiais informativos.
- Criar ou contratar empresa especializada na instalação de estandes, palcos, toldos, praticáveis etc., de acordo com a necessidade.
- Providenciar, juntamente com o cerimonial, a decoração do ambiente do evento.
- Providenciar e instalar painéis e quadros para fotos, recortes de matérias da imprensa, avisos e decoração.
- Providenciar e acompanhar o funcionamento dos aparelhos de ventilação, exaustão, iluminação e aquecimento.
- Criar um almoxarifado responsável pela aquisição e reposição de artigos para os serviços específicos e gerais.
- Preparar operadores de projetores, sistemas de som e outros equipamentos.
- Testar todos os equipamentos antes do evento.
- Preparar ou contratar serviços de segurança, depois de consultadas as comissões específicas.
- Cuidar para que o volume do som seja adequado ao ambiente das sessões.
- Após cada apresentação, recolher o material gravado, nominá-lo e entregá-lo à comissão do temário.
- Estar atento a outras tarefas pontuais ou necessidades não previstas, administrando-as.

Coordenador geral

Ao coordenador geral compete o gerenciamento do evento, executando tarefas definidas pela presidência, pelo coordenador adjunto e pelo secretário-geral. Ele deve avaliar toda a estrutura administrativa, providenciar correções e elaborar o relatório final do evento. Estas são suas atividades previstas:

- Realizar todas as recomendações do presidente, do coordenador adjunto e do secretário do evento.
- Decidir, com a coordenação central, a liberação de recursos financeiros para a realização de tarefas.
- Marcar e presidir reuniões com as comissões.
- Estabelecer e fazer cumprir um sistema de controle para todas as comissões.
- Avaliar e supervisionar os cronogramas e programas de trabalho das comissões.
- Dar apoio estratégico às comissões para que sejam cumpridas as determinações do plano geral do evento.
- Solicitar relatórios periódicos e receber planos específicos, com orçamentos, das diversas comissões.
- Substituir membros das comissões quando necessário e convocar novos.
- Fornecer pareceres à coordenação central.
- Estabelecer contato com autoridades e outras personalidades para solicitar recursos ou para que participem do evento.
- Manter-se informado e informar à coordenação central sobre a preparação, a realização e a avaliação do evento.
- Elaborar relatório completo ao final do evento, salientando a avaliação.
- Substituir, se necessário, a coordenação central.
- Estar atento a outras tarefas pontuais ou necessidades não previstas, administrando-as.

Comissão de finanças

A essa comissão compete cuidar de tudo que se refira a verbas, controle de caixa, recebimento e pagamento. A ela também cabe a venda de espaço para divulgação institucional ou de produtos, bem como a realização de outras promoções ou contatos para levantar recursos financeiros. Estas são suas atividades previstas:

- Estabelecer fontes de recursos, como: inscrição de participantes; venda de espaço para expositores; venda de espaço para propaganda; anúncios em cadernos de lazer, folhetos de hotéis, guias de voo etc.; doações de empresas em dinheiro, material de consumo, serviços, instalações, equipamentos ou na forma de pagamento direto de despesas; auxílio governamental proveniente de órgão federal, estadual ou municipal, ou de órgão de financiamento e de fomento, solicitado com antecedência e compreendendo estadias, diárias, passagens, cartazes, folhetos e publicação de anais; venda de cotas quando o evento prevê lucro; patrocínio direto ou indireto; comercialização de itens ou atividades da programação social, cultural ou de lazer; prestação de serviços individuais; venda de produtos promocionais próprios ou de terceiros.

- Preparar e acompanhar orçamentos gerais e de serviços operacionais.
- Fazer projeções de custos.
- Preparar contratos, zelando pelo aspecto jurídico.
- Providenciar modelos padronizados de contrato para regular a locação de espaços, os serviços de terceiros e o pagamento de convidados.
- Elaborar formulários para o acompanhamento financeiro do evento.
- Estabelecer, junto com a comissão central, o espaço destinado a comercialização e promover as vendas.
- Estimular contribuições e patrocínios, recebendo verbas.
- Sistematizar o recebimento da taxa paga pelos congressistas.
- Acompanhar o movimento de inscrições e efetuar, diariamente, os respectivos depósitos bancários numa conta criada especialmente para o evento.
- Receber pedidos financeiros e atendê-los de acordo com o fluxo e a disponibilidade de caixa.
- Cuidar dos pagamentos autorizados.
- Autorizar a compra e a venda de materiais de acordo com a disponibilidade de caixa.
- Cuidar do pagamento a convidados do evento e oradores.
- Manter atualizado o registro geral das contas do evento.
- Determinar esquema para pagamento de serviços de terceiros envolvendo notas fiscais, para cálculo do imposto de renda.
- Aplicar o saldo disponível e as verbas no mercado financeiro, se for o caso.
- Autorizar instalação de estandes a quem estiver quite com a tesouraria.
- Manter a coordenação central informada sobre o andamento da arrecadação, com relatórios diários ou semanais.
- Assessorar o coordenador geral do evento na definição, na contratação, na alocação e no controle dos recursos humanos, determinando sua forma: a) por administração – serviços profissionais específicos;

b) por empreitada – serviços de certos setores do evento contratados com empresas prestadoras;
- Fazer balancetes com a frequência definida (diária, semanal ou quinzenal), contendo entrada, saída e saldo de recursos, contas a receber e contas a pagar.
- Apresentar relatório completo de atividades após o pagamento de todas as despesas decorrentes do evento.
- Fazer o balanço final.
- Estar atenta a outras tarefas pontuais ou necessidades não previstas, administrando-as.

Comissão de divulgação e comunicações

À comissão de divulgação e comunicações cabe a seleção de veículos e meios de comunicação e de divulgação, bem como a elaboração de notícias e mensagens publicitárias. Grande parte do sucesso do empreendimento se deve ao empenho dedicado à divulgação do evento. Além de levar informações aos interessados, essa comissão pode, indiretamente, estimular a arrecadação de fundos para o financiamento do evento: quanto maior for o número de promotores e fornecedores de materiais, menos despesas serão contabilizadas e mais simplificado será o trabalho. Estas são suas atividades previstas:

- Criar o símbolo do evento.
- Criar o leiaute de folhetos e cartazes de divulgação, realizar a redação de textos, diagramação, arte-final, revisão, acompanhamento da impressão, retirada da gráfica.
- Providenciar a programação editorial, visual e gráfica de boletins informativos especiais para participantes, bem como sua realização.
- Providenciar a impressão do símbolo do evento e dos patrocinadores nos impressos a serem utilizados.
- Elaborar lista de endereços, organizar arquivos de etiquetas para mala direta ou *mail list*.
- Criar e estabelecer canais internos de comunicação com as demais comissões, além de produzir quadros de avisos, boletins, cartazes e outros;
- Definir material promocional e estratégia para sua distribuição.

- Providenciar o material de divulgação complementar: postais da localidade, dados gerais e outros.
- Montar e enviar material informativo e de divulgação para as pessoas constantes na lista de endereços e demais interessados.
- Formular textos informativos básicos para divulgação pela imprensa; preparar estratégia para entrevistas coletivas; desenvolver material para cobertura jornalística; sala de redação, esquema de distribuição de notícias e serviço de *clipping* (recortes de notícias publicadas) imediato.
- Definir e providenciar a sinalização completa do evento, com setas, cartazes indicativos e demais itens.
- Providenciar faixas alusivas e *banners* (e sua retirada ao final do evento); e solicitando à prefeitura e demais órgãos competentes a liberação de locais para sua exposição.
- Formar equipe para afixar cartazes na cidade em que o evento será realizado.
- Credenciar jornalistas e fotógrafos nacionais e estrangeiros para cobertura do evento.
- Diariamente, elaborar *press releases* com as principais informações e encaminhá-los a jornais, revistas, rádios e tevês (incluindo *sites* e *blogs*) que não tenham marcado presença na cobertura do dia.
- Dependendo do porte do evento, providenciar exemplares de jornais locais para distribuição aos congressistas.
- Criar e produzir *jingles*, *spots* e *tapes* para divulgação pelos veículos de comunicação, se for o caso.
- Criar, produzir e distribuir envelopes promocionais para a imprensa, conferencistas, convidados e autoridades especialmente convidadas.
- Contratar e coordenar a cobertura fotográfica e documental do evento.
- Produzir leiaute e arte-final dos programas, regulamentos, regimento, textos de apoio e anais do evento.
- Produzir circulares e folhetos.
- Produzir selos, camisetas, chaveiros, *displays* e outros materiais promocionais ou brindes com aplicação do logotipo do evento, para comercialização ou distribuição gratuita.
- Receber – antes do evento – currículos resumidos dos palestrantes para divulgação na mídia.
- Preparar a sala de imprensa.

- Receber a imprensa, facilitando aos jornalistas o contato com conferencistas.
- Coordenar entrevistas coletivas.
- Elaborar agradecimentos a todos os veículos participantes da cobertura do evento.
- Retirar o material de apoio à divulgação, principalmente da sala de imprensa.
- Acompanhar a realização do evento, apoiar as demais comissões e produzir a coleção completa do material de divulgação, encaminhando relatório à coordenação central do evento.
- Estar atenta a outras tarefas pontuais ou necessidades não previstas, administrando-as.

Comissão de transporte

A comissão de transporte tem por incumbência estabelecer a forma de transporte dos congressistas e convidados, para que possam ir de suas cidades de origem até o local do evento e depois retornar, bem como o transporte interno e demais aspectos de logística. Estas são suas atividades previstas:

- Estabelecer estratégias de transporte tanto em relação a questões administrativas (passaportes, vistos) quanto de serviço e apoio ao evento.
- Fazer contato com empresas aéreas visando ao credenciamento de uma delas como transportadora oficial.
- Sugerir contratos específicos com agências de turismo para a operacionalização do transporte.
- Verificar as melhores vias de acesso terrestre ao local e providenciar mapas e croqui da cidade, para incluí-los no material de divulgação.
- Determinar as melhores opções para transporte aéreo dos participantes.
- Marcar passagens de todos os convidados.
- Oferecer apoio aos palestrantes/convidados no que diz respeito à reserva e marcação de passagem para a viagem de retorno.
- Contratar, se for o caso, companhias aéreas para fretamento de aeronaves.

- Definir e preparar locais de estacionamento para veículos grandes e pequenos em todos os locais envolvidos com o evento.
- Montar a programação geral de transporte, prevendo horários de saída, pontos de passagem e parada, chegada ao local do evento e retorno, para todas as atividades.
- Listar e contatar oficinas mecânicas visando a eventual atendimento, inclusive em finais de semana.
- Listar postos de combustível e divulgar os respectivos endereços e horário de funcionamento.
- Providenciar veículos com a previsão da contratação de motoristas e identificá-los para o serviço de apoio ao evento, incluindo transporte do pessoal da secretaria, convidados, bagagens etc.
- Determinar a programação de transporte de materiais diversos, mesas, equipamentos de som, palco, cadeiras, corporações musicais, artigos de bufê e outros.
- Reservar veículos para o serviço de segurança.
- Formar equipes e determinar tarefas.
- Contratar serviços para o transporte local.
- Contratar empresas de turismo especialmente para a programação de lazer e turística.
- Treinar o pessoal contratado nos locais destinados a estacionamento, além de fazer que realizem os percursos programados.
- Zelar pelo cumprimento dos horários.
- Acompanhar todo o serviço de transporte.
- Apoiar a comissão social quanto ao transporte para as atividades por ela administradas.
- Estar atenta a outras tarefas pontuais ou necessidades não previstas, administrando-as.

Comissão de recepção e serviços individuais aos convidados especiais

Essa comissão deve dar apoio aos convidados especiais. Num evento, pode-se prever o comparecimento de profissionais, expositores, agentes financeiros, convidados especiais, autoridades, representantes da imprensa, do governo, de universidades, de associações de classe e de sindicatos, entre outros. O trabalho da comissão de recepção e serviços individuais aos convidados especiais é de grande importância para a atuação das demais comissões, uma vez que a ela cabe compatibilizar os diversos esforços, sob pena de comprometer o bom atendimento aos que tomarão parte em determinado evento. O êxito dessa comissão tem influência direta na impressão causada no público presente, sendo que seu desempenho funciona como item de avaliação. Deve, portanto, haver criteriosa preparação e treinamento de seus membros, a fim de obter harmonia no contato direto com os participantes e assegurar o melhor atendimento. Estas são suas atividades previstas:

- Estabelecer um mecanismo para facilitar a comunicação com os convidados em seus locais de origem.
- Implantar serviços de apoio para tarefas pessoais, administrando a atuação de secretários e mensageiros.
- Estabelecer um local e montar posto médico e enfermaria, mantendo serviços de primeiros socorros e de pronto atendimento.
- Estruturar os serviços de assistência médica.
- Estabelecer meios de comunicação para casos de urgência ou pronto-socorro.
- Listar farmácias nas proximidades, incluindo aquelas com plantão em finais de semana.
- Distribuir folheto que alerte sobre o perigo de contágio de doenças.
- Estabelecer o trabalho de zeladoria em banheiros, áreas de trânsito, dependências do local, auditórios e outros pontos de passagem ou trabalho.
- Manter contato com os responsáveis pelo alojamento para acomodação das delegações.
- Manter os alojamentos em ótimas condições de uso, zelando pela segurança, roupas de cama, banheiros e café da manhã.
- Relacionar hotéis, realizar reservas e apoiar convidados, inclusive enviando carta de boas-vindas.

- Estabelecer contato com restaurantes de categorias diversas para a elaboração de cardápios e a definição da entrega de talões e horários de refeições.
- Listar restaurantes que forneçam alimentação especial.
- Providenciar serviço de bar para os convidados no local do evento, com funcionamento preferencialmente após as sessões de trabalho.
- Programar horários e lanches para o pessoal de apoio do evento.
- Criar e aparelhar o serviço de "achados e perdidos".
- Manter ou listar mecânicos de plantão para pequenos reparos em veículos particulares.
- Manter (ou saber como localizar) um serviço de chaveiro, inclusive nos finais de semana.
- Listar e divulgar locais e horários de abastecimento de combustíveis.
- Ampliar o serviço telefônico disponível com a instalação de linhas especiais para atendimento da imprensa.
- Redigir mensagem de boas-vindas destinada às pastas dos convidados.
- Esquematizar a sistemática, em conjunto com a secretaria geral, do procedimento de chegada, recepção e identificação de participantes.
- Contratar, selecionar e treinar os recepcionistas para atividades da programação social com os convidados.
- Acompanhar todos os convidados até a saída do último e resolver quaisquer problemas de última hora.
- Definir e programar atividades especiais para os acompanhantes dos convidados.
- Estabelecer formas e atividades especiais para atender filhos pequenos de convidados.
- Fornecer roteiros turísticos e organizar excursões.
- Atender convidados nos aeroportos e nas rodoviárias.
- Providenciar, se for o caso, guarda-volumes, cartões de telefone, celulares, guarda-chuvas (caso não haja os promocionais).
- Resolver questões administrativas individuais dos convidados, como visto no passaporte, autorização para viagem de menor de idade, liberação de alfândega e atendimento jurídico inicial na eventualidade de acidente de trânsito.
- Marcar ou reconfirmar passagens.

- Manter serviço de cópias à disposição dos convidados.
- Manter lista de delegacias de polícia e de módulos policiais.
- Estar atenta a outras tarefas pontuais ou necessidades não previstas, administrando-as.
- Realizar as funções do receptivo do evento.

O receptivo do evento

O receptivo do evento estabelece todos os aspectos materiais e imateriais imprescindíveis à acolhida dos convidados de um evento, contribuindo para a formação de opinião favorável a respeito da organização promotora. Estas são suas atividades previstas:

- Hastear bandeiras representativas dos países ou estados dos convidados de acordo com a ordem de precedência (decreto n. 70.274), em especial na entrada do evento e no palco do auditório principal.
- Estender passadeiras ou instalar passarelas, quando necessário.
- Indicar, se a ocasião exigir, a comissão de recepção.
- Afixar letreiros de boas-vindas e bandeirolas decorativas.
- Urbanizar áreas internas e externas.
- Providenciar quadros e painéis decorativos e arranjos florais para a área interna.
- Produzir mensagens especiais e pessoais a todos os convidados, com votos de boas-vindas.
- Elaborar programações sociais, de lazer e turismo que promovam a integração efetiva do grupo.
- Estabelecer o tipo de decoração a ser empregada nos locais de realização das sessões e programações do evento.
- Divulgar os estados e países dos participantes, dentro da programação cultural.
- Divulgar o estado e o país promotor do evento.
- Sistematizar o procedimento de recepção e identificação dos participantes, as formas de saudação, apresentações artísticas/folclóricas ou outras atividades promotoras do bom andamento do evento.
- Estar atento a outras tarefas pontuais ou necessidades não previstas, administrando-as.

Comissão de recursos e serviços audiovisuais

A maioria dos palestrantes e conferencistas utiliza recursos audiovisuais, e o planejamento de tais recursos deve ser sistemático e detalhado, principalmente no caso do sistema de apresentação simultânea, que pode se valer de uma autêntica central de equipamentos multimídia.

Compete à comissão de serviços e recursos audiovisuais organizar a infraestrutura de apoio ao evento, em colaboração com as demais comissões, e dar suporte a todas as apresentações quanto aos recursos auxiliares. Estas são suas atividades previstas:

- Selecionar empresas prestadoras de serviços.
- Traçar o leiaute geral do local do evento.
- Providenciar e monitorar a instalação e execução de sistema de sonorização e gravação.
- Providenciar a adequada iluminação.
- Preparar os recursos audiovisuais solicitados para as apresentações.
- Zelar pela sinalização interna e externa do ambiente.
- Instalar painel decorativo no auditório principal, para uma adequada recepção aos visitantes.
- Apoiar a montagem de estandes e exposições.
- Criar e organizar um "almoxarifado" com itens de utilidade para serviços e comissões.
- Montar palanques, toldos, quadro de avisos, quadro para exposição de fotografias, de acordo com as solicitações das comissões.
- Manter contato com o encarregado do cerimonial, apoiando-o no necessário.
- Providenciar orçamentos para a instalação do serviço de computação, a ser colocado à disposição da comissão de divulgação e secretaria geral.
- Preparar técnicos encarregados das gravações.
- Contratar tradutores para as sessões em língua estrangeira.
- Testar amplamente todos os equipamentos.
- Determinar o volume do som adequado a cada etapa do evento.

- Recolher as fitas gravadas após cada exposição.
- Encaminhar as fitas para a comissão de temário.
- Estar atenta a outras tarefas pontuais ou necessidades não previstas, administrando-as.

Comissão de temário

Compete à comissão de temário toda a programação do evento, em seus aspectos técnicos, científicos e convencionais, mantendo estreito relacionamento com as comissões de publicações e avaliação. As decisões da comissão de temário norteiam a organização do evento.

Para exercer o papel de definir temários, essa comissão deve manter-se atualizada com respeito a temas e assuntos tratados pelos que serão convidados. Recomenda-se a realização de uma pesquisa para conhecer as expectativas dos interessados no evento e das entidades promotoras. Os resultados de eventos anteriores e as sugestões recebidas no intervalo entre um evento e o seguinte podem sugerir conteúdos e condutas. Daí a importância de manter registros bem organizados das avaliações realizadas ao término de cada evento.

No estabelecimento do temário, são relacionados temas e subtemas para que haja uma perfeita identificação de propósitos e expectativas por parte de todos os participantes da comissão. O temário de um evento deverá ser preparado com grande antecedência, para assegurar relevância, adequação e tempo hábil para a preparação.

Na impossibilidade de determinação de um temário específico, a promoção de reuniões regionais como atividade do futuro evento pode gerar alternativas. É um método já utilizado por organismos que procuram contemplar as expectativas de seus associados ou filiados.

Outra importante tarefa dessa comissão é elaborar a programação geral do evento, que deverá ser coerente e exata, estabelecendo todas as atividades previstas, bem como o tempo despendido em cada uma delas. Deverá haver rigor em seu cumprimento, considerando-se, porém, a relevância da conclusão dos assuntos em sessões que teriam de ser interrompidas. É preciso adotar, então, o bom-senso e a flexibilidade para resolver questões dessa natureza.

A programação geral contém ainda as diversas sessões de um evento, com a finalidade de fixar o calendário final, bem como a programação social, cultural, de lazer, turística, paralela e o programa para acompanhantes. A divulgação dos nomes dos oradores antes do evento deve ser incentivada, pois é uma forma de atrair possíveis participantes.

Atualmente, alguns congressos têm adotado o sistema de várias atividades concomitantes; tal prática deve ser analisada em profundidade, considerando-se que os objetivos do evento e a ideia de que uma reunião desse tipo constitua uma possibilidade de intercâmbio e relacionamento.

A comissão de temário é também responsável por planejar a logística de oradores, estabelecendo medidas para viabilizar sua presença nas diversas sessões de um evento, no local e na hora programada. Deverá, ainda, adotar as providências necessárias quanto ao processo de transporte, hospedagem, recepção e acompanhamento dessa categoria de convidados. Outra de suas funções é solicitar os documentos componentes dos anais da programação, determinando a forma de apresentação e os prazos de remessa, bem como a listagem de recursos auxiliares a serem utilizados. Estas são as atividades previstas da comissão de temário:

- Definir comissão científica para sistematizar apresentações de trabalhos, no caso de eventos desta natureza.
- Elaborar o pré-projeto do evento e submetê-lo aos órgãos promotores para aprovação de seus itens, principalmente do temário.
- Após essa aprovação, elaborar o plano definitivo, inserindo as modificações sugeridas.
- Elaborar o temário e destacar os temas gerais e subtemas, definindo horários, datas e sistemáticas de apresentação.
- Realizar contatos com os conferencistas e apresentadores de painéis, mesas-redondas e similares.

- Negociar eventuais cachês.
- Elaborar a programação completa do evento.
- Após as definições, enviar a programação completa à comissão de divulgação.
- Solicitar aos conferencistas o material auxiliar necessário às exposições e encaminhar o planejamento à comissão de serviços e recursos audiovisuais.
- Elaborar detalhadamente a sistemática dos trabalhos que constarão das publicações oficiais do evento.
- Elaborar o regimento interno e o regulamento das sessões.
- Recepcionar palestrantes em conjunto com a comissão social.
- Acompanhar sessões de estudos e debates dos temas e subtemas em plenário, grupos de trabalho, cursos, mesas-redondas, conferências, painéis, as sessões solene e de encerramento, oferecendo orientações técnicas.
- Promover eventuais divisões de grupos e providenciar o apoio técnico necessário.
- Providenciar o material de trabalho para as comissões.
- Realizar os contatos com os oradores e apresentadores de trabalhos, após a definição do temário.
- Negociar eventuais pró-labores.
- Oficializar o convite para o evento por meio de correspondência.
- Providenciar o pagamento de direitos autorais, quando aplicável.
- Enviar a relação dos oradores e dos outros convidados para os responsáveis pela divulgação, após as confirmações.
- Receber do encarregado da publicação dos anais as normas de redação.
- Solicitar e receber, dos oradores, os resumos ou textos integrais de suas apresentações, para a impressão dos anais (categoria resumos ou trabalhos completos) e encaminhá-los á Comissão de Publicações
- Solicitar previamente aos oradores e apresentadores de trabalhos a listagem de recursos audiovisuais necessários às exposições.
- Estabelecer a sistematização de recepção e enviá-la para cada um dos convidados, fornecendo um roteiro que contenha: a) informações sobre seguro de vida e seguro-saúde; b) data, horário, local de apresentação e embarque, e o tipo de veículo a ser utilizado para seu traslado da cidade de origem até o local do evento; c) indicação de eventuais conexões ou escalas do transporte aéreo; d) horário de chegada, local

de apresentação e nome das pessoas que o recepcionarão no desembarque; e) nome do hotel escolhido para hospedagem, com endereço e telefone, indicando, se possível, o número do apartamento; e) programação durante o evento (almoços, jantares, programação social, horários das apresentações, transporte e outros); f) horário de comparecimento na recepção do hotel para deslocamento e apresentação no ponto de embarque para o retorno, bem como o horário previsto de desembarque; g) relação de todos os membros das comissões a serem procurados ou de outros encarregados indicados.

- Providenciar, se possível antecipadamente, o preenchimento das fichas de registro de hóspedes dos convidados dessa categoria, nos locais de hospedagem.

- Cuidar para que os oradores e convidados especiais encontrem, em seus apartamentos, na chegada: carta de boas-vindas, flores, cesta com frutas, jornais, impressos contendo informações, calendário do evento e, especialmente, instruções sobre as despesas no local de hospedagem sob a responsabilidade dos organizadores.

- Atender, durante o evento, todas as necessidades dos convidados, prestando-lhes os serviços individuais solicitados.

- Entregar a esses convidados todo o material distribuído antes do evento, durante e após.

- Estar atenta a outras tarefas pontuais ou necessidades não previstas, administrando-as.

Coordenadores técnicos

São membros especialmente indicados e treinados pela comissão de temário para acompanhar e dar orientações técnicas durante as sessões que compõem um evento. Podem ser apoiados, quando necessário, pelo encarregado do cerimonial ou por seus auxiliares. Devem demonstrar pleno conhecimento dos vários tipos de evento, de suas formas de condução e características, para que os objetivos fixados sejam alcançados. Estas são suas atividades previstas:

- Indicar, em conjunto com a coordenação da comissão de temário, moderadores, presidentes de conferências, coordenadores de comissões técnicas e monitores para a programação paralela, especialmente para as visitas.

- Orientar os membros indicados sobre: a) sistematização dos objetivos para cada tipo de evento; b) duração da apresentação individual e dos debates; c) processo de perguntas ou encaminhamento de sugestões para debates; d) encaminhamento dos debates; e) conclusões.
- Providenciar todo o material e suporte para o trabalho das comissões técnicas, como papel, canetas, lápis, recursos audiovisuais, serviço de água e café e outros.
- Verificar o preparo dos recursos audiovisuais solicitados pelos oradores, supervisionando a sua montagem.
- Coordenar os recepcionistas encarregados de recolher as perguntas para serem encaminhadas à mesa.
- Preparar cada uma das sessões, providenciando: a) currículo de cada um dos oradores; b) ordem do dia, se for o caso; c) reunião e encaminhamento à mesa dos oradores; d) crachás de mesa; e) montagem da mesa; f) serviço de água e café.
- Entregar ao moderador ou ao presidente de mesa, no final da reunião, os certificados dos oradores; o moderador decidirá o procedimento de entrega, fazendo-a pessoalmente ou pedindo a colaboração de pessoas da audiência.
- Entregar brindes aos oradores, se for o caso.
- Atender a solicitações da mesa.
- Alertar quanto ao início das sessões, providenciando a chamada do público.
- Indicar pessoas para realizar anotações, especialmente durante as mesas-redondas, a fim de registrar as conclusões do evento que serão encaminhadas para publicação.
- Coordenar, se assim for solicitado, a sessão plenária final.
- Estar atentos a outras tarefas pontuais ou necessidades não previstas, administrando-as.

Comissão de publicações

Compete à comissão de publicações providenciar a produção de todo o material do convidado: material para pastas, crachás, blocos, canetas, programas, informações úteis, regimento e regulamentos, convites, boletins informativos, circulares, folhetos e outros.

Essa comissão é a responsável por produzir os anais do evento – que consistem no registro escrito dos trabalhos expostos e podem ser apresentados em forma de revista, CD-ROM ou DVD. Normalmente são patrocinados e podem ser distribuídos gratuitamente ou vendidos (situação em que a renda é convertida em receita do evento). Além disso, devem ser encaminhados para bibliotecas, escolas e centros de pesquisa. Estas são as atividades previstas da comissão de publicações:

- Sistematizar todo o trabalho de confecção do material em gráficas, próprias ou contratadas, estabelecendo critérios, procedimentos, mecanismos, prazos e meios de distribuição.
- Sistematizar todo o trabalho relacionado às cópias, principalmente a utilização de máquinas de reprografia.
- Definir formas de envio de material.
- Preparar projeto específico para a confecção dos anais do evento, prevendo: a) símbolo e título do evento na capa; folha de rosto ou semelhante, no caso de CD-ROM ou DVD, que contenha: nome do evento, data, local, cidade, entidades promotoras e crédito do responsável pela edição dos anais; b) listagem da comissão organizadora; c) apresentação dos anais, se for o caso; d) programação geral do evento; e) textos das exposições; f) textos ou resumos dos trabalhos apresentados em comissões técnicas; g) recomendações, moções e resultados da sessão plenária; h) currículo simplificado de cada um dos oradores; i) relação dos participantes, com nomes e endereços; j) relação das entidades patrocinadoras, colaboradores e dos veículos de comunicação que apoiaram o evento.
- Receber os currículos resumidos, os textos das apresentações, as conclusões, as diversas listagens e outros documentos.
- Estar atenta a outras tarefas pontuais ou necessidades não previstas, administrando-as.

Comissão de segurança

Determina as providências para manter seguro o ambiente das atividades de uma programação ou evento, bem como para estabelecer medidas de ordem policial a fim de manter a segurança individual, especialmente das autoridades convidadas.

Essa comissão abrange: segurança policial, serviço de segurança, higiene e medicina do trabalho e segurança patrimonial. Deve estabelecer o esquema de comunicação com os diversos pontos de apoio e com os encarregados dos serviços de segurança nos locais onde ocorrerão as atividades do evento.

Em razão da importância de autoridades convidadas a participar, alguns eventos exigem maior esquematização dos planos de segurança. Nesse caso, é preciso contatar previamente o serviço de cerimonial que costuma atender àquelas autoridades. Todos os membros envolvidos no serviço de segurança, mesmo os da segurança velada, deverão ser informados e treinados para articular-se com quem realmente comandará o evento, familiarizar-se com o local de sua realização, bem como compreender o significado da promoção e o que ocorrerá durante cada uma das sessões. Estas são suas atividades previstas:

- Na segurança policial: a) entrar em contato com a equipe de segurança do órgão de origem da autoridade convidada, a fim de que haja entrosamento entre as operações nessa área; b) verificar especialmente o roteiro de visita no que tange à segurança física de autoridades e convidados; c) organizar os veículos nos comboios para o embarque e desembarque das autoridades e convidados; d) providenciar plano de policiamento nos trajetos rodoviários; e) suspender o tráfego de veículos durante a execução da programação, se for o caso; f) providenciar a segurança em estacionamentos, locais de hospedagem e de realização de sessões; g) o responsável pela segurança policial deve fornecer instruções sobre as providências em caso de dúvida, indicando uma pessoa para estabelecer os contatos necessários; h) tornar a segurança o menos restritiva possível sem ferir regras fundamentais de conduta.

- No serviço de segurança, higiene e medicina do trabalho: a) apoiar a instalação da assistência médica, colocando à sua disposição todos os recursos necessários; b) isolar os locais e equipamentos que ofereçam perigo aos visitantes, bem como cuidar da sinalização; c) entrar em contato com o Corpo de Bombeiros e preparar esquemas de atendimento para o caso de incêndio em instalações, veículos, aeronaves e outros; d) dispor de capas, capacetes, óculos de segurança, roupas e sapatos especiais para proteção individual, quando for o caso.

- Na segurança patrimonial: a) controlar o uso de equipamentos fotográficos e de filmagem, se for o caso; b) ampliar o esquema de segurança, fazendo contato com autoridades policiais, de acordo com o nível das autoridades e convidados do evento; c) destacar pessoal com condição física para inibir a ação de agressores; d) tomar medidas para a prevenção de furtos; e) controlar a entrada de autoridades e convidados.
- Estar atenta a outras tarefas pontuais ou necessidades não previstas, administrando-as.

Comissão social

Essa comissão é a encarregada de toda a programação social do evento: coquetéis, jantares de confraternização, passeios e outras atividades que visem à integração dos convidados e participantes. Estas são suas atividades previstas:

- Estabelecer o tipo de decoração a ser empregada nos locais onde serão realizadas as atividades do evento.
- Estabelecer mecanismos para a distribuição de brindes e presentes para participantes e convidados, providenciando a sua aquisição, produção ou obtenção por doação.
- Criar mecanismos para a divulgação do estado e do país promotor do evento, com distribuição de folhetos e cartazes e/ou exibição de filmes contendo apresentações típicas de sua cultura.
- Manter contato com o encarregado da comissão de cerimonial.
- Cuidar dos aspectos sociais da abertura e do encerramento do evento.
- Preparar envelopes para convites especiais.
- Organizar escala de membros da comissão para acompanhamento dos convidados nas refeições.
- Elaborar a programação social, turística e paralela do evento; alguns exemplos:
  - Feirinha de livros: entrar em contato com editoras e livrarias para exposição e venda de livros; preparar lista básica de livros que serão apresentados; determinar sistema de comercialização, horários e comissões; providenciar acompanhamento do movimento de vendas.

- Tarde de autógrafos: entrar em contato com autores que ainda não tenham lançado obras na localidade; providenciar a exposição desses livros; incluir a atividade na programação e divulgá-la; preparar o local; conduzir os trabalhos.

- Coquetéis: verificar os locais; providenciar música ambiente, ao vivo, bem como convites para imprensa e convidados especiais; indicar um membro da comissão para controlar a entrada das pessoas; montar a decoração do local; definir cardápio, iluminação, serviço de garçons, toalhas, mesas, bebidas, recepção aos convidados e verificar o serviço oferecido.

- Almoços e jantares: tomar providências semelhantes às anteriores, com destaque para o cardápio, número de garçons, espaço disponível, distribuição dos convidados, emprego de cerimonial, discursos, saudações, homenagens.

- Bares e boates: escolher o local e realizar reservas, elaborar cardápio básico, definir a forma de cobrança, considerar uma possível apresentação artística etc., além de promover divulgação ampla e constante.

- Exposições de obras artísticas, fotografias etc.: selecionar artistas, realizar contatos, definir formas de comercialização, preparar o local, estabelecer datas, horários e cerimonial da abertura das exposições, providenciar a divulgação.

- Passeios turísticos e atividades culturais ou de lazer: preparar um momento específico para essas atividades, dedicando especial atenção a tipo de transporte, intervalos, acomodações, refeições, guias; elaborar folheto contendo histórico e informações gerais sobre os locais a serem visitados.

- Passeios diurnos e noturnos pela cidade: definir roteiros; divulgar e informar suas características.

- Roteiros históricos e artísticos: selecioná-los e divulgá-los; podem incluir: visitas a museus, monumentos, centros históricos e políticos, cenários de batalhas, residências de personalidades, entre outros; visitas a centros de artes; concertos, espetáculos teatrais de característica folclórica ou regional, manifestações culturais etc.

- Roteiro técnico-industrial: organizar e divulgar visitas a instalações industriais, obras públicas e similares; promover investigação científica em bibliotecas, arquivos e similares; organizar visitas a feiras, exposições técnicas, livrarias, centros empresariais e outros.

- Saídas para compras: especificar as características dos principais locais de compras, seus produtos, formas de pagamento e cuidados com segurança.

- Apresentações musicais, shows, cinema, teatro: divulgar programação com detalhes a respeito de programas, horários e custos.
- Programação de ordem corporal: investir em condições para descanso, tratamento terapêutico (estâncias termais e climáticas, saunas), desportivo (pedestrianismo, alpinismo, escaladas, golfe, caça e pesca, futebol, basquete, voleibol, espetáculos esportivos, natação) etc.
- Programação gastronômica: selecionar e divulgar restaurantes, festas típicas etc.
- Programação religiosa: sugerir peregrinações, visitas a templos e igrejas, participação em romarias e procissões, indicando os horários das atividades.
- Programação paralela: promover cursos e oficinas, visitas dirigidas a centros de documentação e pesquisa, entre outros.
- Estar atenta a outras tarefas pontuais ou necessidades não previstas, administrando-as.

Comissão de continuidade e avaliação

Compete a essa comissão preparar uma avaliação geral do evento, considerando todos os níveis de participantes e convidados. Os resultados do seu trabalho deverão funcionar como uma "radiografia" completa de tudo que foi promovido, de acordo com a opinião de todos os grupos envolvidos.

Tal comissão avalia a eficácia das providências adotadas antes do evento, durante e após, recomendando modificações para que não sejam afetados os objetivos pretendidos. Finaliza suas funções ao estabelecer os parâmetros de continuidade para novas programações desse tipo a serem empreendidas pela entidade promotora. Estas são suas atividades previstas:

- Redigir e encaminhar comunicados internos agradecendo a colaboração dos membros das comissões.
- Redigir e encaminhar correspondência agradecendo a presença dos convidados e participantes do evento.
- Remeter exemplares de todas as peças do material de divulgação e de promoção para os convidados e participantes que confirmaram presença mas não puderam comparecer ao evento.

- Enviar exemplares de todo o material utilizado durante o evento aos órgãos de imprensa que não estiveram presentes, acompanhados de comunicados de imprensa especialmente preparados para dar uma visão geral do que foi cumprido.
- Desmobilizar os esquemas de segurança e agradecer a colaboração dos órgãos envolvidos.
- Devolver os equipamentos e materiais ao ponto de origem.
- Incorporar materiais e equipamentos doados ao acervo do promotor do evento.
- Imprimir os anais ou gravá-los em CD-ROM/DVD caso estes não tenham sido distribuídos ao final do evento; estabelecer processo de envio por portador ou pelo correio.
- Preparar o álbum da cobertura fotográfica e o *clipping* da cobertura jornalística.
- Enviar, quando for o caso, exemplares de fotografias e recortes de jornais aos participantes ou visitantes.
- Assegurar, no caso de uma visita dirigida, que os visitantes cheguem ao ponto de origem.
- Elaborar instrumento de avaliação para visitantes e convidados, do qual devem constar: a) opinião sobre o roteiro realizado; b) opinião sobre as exposições orais e aquelas com uso de audiovisuais; c) opinião sobre os serviços complementares oferecidos; d) comentários sobre os locais visitados; e) sugestões de outras visitas; f) dados de identificação.
- Elaborar instrumento de avaliação para participantes, do qual devem constar: a) opinião sobre o nível das sessões em plenário; b) opinião sobre o nível das sessões de pequenos grupos; c) motivos da participação; d) opinião sobre a eficiência dos meios de divulgação; e) comentários sobre o local da promoção; f) opinião sobre o valor da taxa de inscrição; g) sugestões sobre futuras programações; h) sugestões sobre locais para futuros eventos; i) dados de identificação.
- Elaborar instrumento de avaliação para oradores, no qual devem constar: a) opinião sobre a organização geral da programação ou evento; b) opinião sobre o local do evento; c) opinião e sugestões sobre os itens de transporte, hospedagem, programas, auxílios audiovisuais e outros que os tenham afetado diretamente; d) comentários sobre o temário fixado; e) contribuição individual para o desenvolvimento do temário; f) formas de comunicação estabelecidas; g) comentários sobre o nível da audiência; h) opinião e recomendações quanto ao tratamento gráfico dado aos material didático e de apoio; i) verificação da evolução do último

evento em relação aos anteriores; j) sugestões para os próximos eventos; k) dados de identificação.

- Elaborar instrumento de avaliação para o pessoal de apoio, no qual devem constar: a) opinião sobre a organização geral; b) opinião sobre as formas de delegação de atribuições; c) comentários sobre a hierarquia estabelecida; d) formas de treinamento utilizadas; e) instruções das tarefas e funções; f) remuneração; g) intenção de participar de uma nova programação coordenada pela mesma entidade ou organização; h) dados de identificação.
- Elaborar a correspondência de apresentação dos instrumentos de avaliação.
- Compor, diagramar, finalizar e imprimir o material.
- Estabelecer o procedimento de aplicação do instrumento.
- Preparar e divulgar o relatório final das atividades, com o seguinte conteúdo: a) título do evento; b) organizações promotoras e executoras; c) patrocínios; d) organizadores e coordenadores; e) local do evento e datas (cargas horárias); f) participantes (inscritos, profissionais, estudantes, acompanhantes, convidados e autoridades); g) receitas (taxa de inscrição, venda de estandes, publicidade, doações etc.); h) despesas (pessoal, serviços de terceiros, materiais em geral, impressos, publicações, traslados, diárias etc.); i) resultados (análise crítica e comparativa entre os objetivos pretendidos e os resultados efetivamente alcançados); j) recomendações e sugestões; k) anexos e apêndices (listas de presença, fichas de inscrição, relação dos participantes que receberam certificado, notas fiscais e recibos das receitas e despesas, calendário oficial e final do evento, recibos das inscrições, questionários preenchidos nas pesquisas realizadas, análise dos resultados das pesquisas etc.).
- Recolher o material, realizar tabulação e análise, e apresentar um relatório à coordenação central do evento.
- Estar atenta a outras tarefas pontuais ou necessidades não previstas, administrando-as.

Comissão de cerimonial

Compete à comissão de cerimonial coordenar as atividades do evento, o preparo das sessões de abertura e encerramento e o apoio, no que se refere a protocolo e cerimonial, a todas as outras sessões. Estas são suas atividades previstas:

- Coordenar e supervisionar todos os serviços relativos ao protocolo e cerimonial.
- Sugerir e receber das demais comissões a relação de autoridades e convidados especiais.
- Observar rigorosamente as disposições previstas na legislação específica que estabelece as normas de protocolo, no que diz respeito ao atendimento de autoridades.
- Estabelecer as normas para a segurança de autoridades, em conjunto com a comissão de transportes e de segurança.
- Elaborar, de acordo com o programa, as normas de cerimonial e as regras para a condução dos convidados e anfitriões durante as solenidades.
- Considerar o serviço de locutores ou mestres de cerimônia, selecioná-los e contratá-los.
- Estabelecer todas as composições de mesa.
- Estar em contato constante com a coordenação central do evento para transmitir ou receber informações.
- Estabelecer, em conjunto com órgãos de segurança federal, estadual e municipal, o esquema geral de segurança do evento.
- Preparar croquis de distribuição das autoridades à mesa diretora ou de honra e, eventualmente, durante as atividades sociais.
- Opinar quanto à decoração de todos os locais em que serão desenvolvidas atividades do evento.
- Providenciar e instalar bandeiras dos países participantes, bandeira nacional e dos estados brasileiros.
- Selecionar a música ambiente e encaminhar pedidos à comissão de serviços e recursos audiovisuais.
- Escolher e contratar uma corporação musical para a execução do hino nacional dos países participantes.
- Preparar as diversas ordens do dia, principalmente da sessão de abertura.
- Estabelecer a forma de chamada para a composição de mesas.
- Providenciar crachás de mesa e cartões de autoridades.
- Treinar os auxiliares de cerimonial, principalmente para o atendimento de palco.
- Redigir e produzir convites especiais para a participação nas sessões solenes.
- Confirmar presenças.

- Preparar toda a programação da chegada ao retorno, de cada convidado especial, confirmando o esquema de transporte, hospedagem, recepção, transporte interno, atividades paralelas etc.
- Elaborar escala completa do pessoal de apoio ao cerimonial.
- Resolver quaisquer questões referentes ao protocolo.
- Estar atenta a outras tarefas pontuais ou necessidades não previstas, administrando-as.

Secretaria geral

A secretaria geral tem a responsabilidade de apoiar os trabalhos burocráticos durante o evento e providenciar, após o final deste, as tarefas necessárias a sua conclusão. Estas são suas atividades previstas:

- Planejar e montar a secretaria do evento: a) produzir mecanismos de inscrição; b) sistematizar o recebimento de inscrições (em conjunto com a comissão de finanças); c) distribuir todo tipo de material para os participantes (pastas, textos, crachás, brindes, certificados, adesivos, folhetos, boletins do evento e outros); d) instalar o sistema de informações, selecionando, contratando e treinando membros para esse tipo de serviço; e) formar um grupo de secretários-digitadores para atender convidados e palestrantes prestando serviços de última hora; f) coordenar os recepcionistas, principalmente as que ficarão nos auditórios, apoiando os trabalhos, recolhendo perguntas e encaminhando-as à mesa diretora ou de honra; g) contratar tradutores para recepção dos participantes e convidados especiais; h) contratar revisores, que trabalharão em conjunto com os secretários.
- Estabelecer um sistema de comunicação interna e externa.
- Emitir listagens dos mais diversos tipos (por exemplo, do número de participantes, de sua origem, do tamanho das delegações, da procedência dos congressistas etc.).
- Estabelecer sistemática para a recepção e a inscrição de participantes (chegada, informações, preenchimento de ficha de inscrição ou localização dos já inscritos, pagamento de taxas, recebimento de material), bem como selecionar e treinar pessoal para esse tipo de atendimento.
- Preparar listas de presença ou outro processo de controle de frequência de participantes para emissão do certificado.

- Providenciar certificados.
- Elaborar crachás diferenciados para as diversas categorias.
- Providenciar serviço interno de cópias para a reprodução rápida de material de apoio.
- Preparar as salas e o auditório e mantê-los em condições de uso, cuidando: a) da boa apresentação do local; b) da funcionalidade de móveis e utensílios e da pintura do ambiente; c) da limpeza das salas e do auditório (chão, cadeiras, mesas, paredes, portas, janelas); d) das instalações sanitárias (limpeza, conservação e manutenção).
- Cuidar da sinalização geral do local do evento, que deve conter cartazes que indiquem onde funcionarão os diversos setores do evento (plenário, caixa, entrega de material, informações, inscrições, imprensa, comissões técnicas e outros órgãos).
- Preparar o auditório, em conjunto com o cerimonial, para as diversas sessões, considerando a mesa diretora ou de honra, poltronas para a mesa diretora, tribuna, tablado e/ou estrado.
- Providenciar a iluminação das salas e do auditório.
- Definir a logística envolvendo materiais e equipamentos, solicitá-los e prepará-los para uso.
- Estar atenta a outras tarefas pontuais ou necessidades não previstas, administrando-as.

Núcleo de edição

Parte da comissão organizadora de um evento cuja responsabilidade é gerenciar os serviços gráficos. A ação desse núcleo permeia praticamente todos os serviços operacionais em se tratando da organização de um evento de grande porte. É conduzido por um responsável com amplos conhecimentos dos processos de produção gráfica, e responde diretamente ao coordenador geral do evento. Estas são suas atividades previstas:

- Produzir impressos, material de divulgação e promoção e publicações.
- Estudar as formas mais viáveis e econômicas de produção e impressão do material solicitado.
- Determinar as providências necessáriass e pessoal para cumprir suas atribuições.

- Atender primeiramente o secretário no que diz respeito à produção de impressos burocráticos internos e de orientação ao participante.
- Produzir material administrativo caso este não seja encontrado pronto no mercado.
- Atender a comissão de divulgação para suprir os materiais que não puderam ser obtidos prontos.
- Auxiliar as comissões de temário e de avaliação, elaborando todas as publicações de apoio aos participantes, especialmente os anais do evento.
- Preparar originais e estabelecer o leiaute de todos os impressos e publicações.
- Repassar o serviço de impressão, acabamento e embalagem a terceiros, mediante pagamento ou doação e patrocínio.
- Receber o material pronto, conferi-lo e entregá-lo aos solicitantes.
- Estar atento a outras tarefas pontuais ou necessidades não previstas, administrando-as.

Sugere-se, para a composição desse núcleo, a seleção de profissionais experientes. Podem constar da equipe tradutor, digitador, revisor, serigrafista, ilustrador, desenhista, diagramador, compositor e arte-finalista (próprios ou terceirizados).

Tradução simultânea

Setor que determina o pessoal, as providências e os equipamentos para o trabalho de tradução em eventos internacionais. Não se trata necessariamente da mesma equipe que recepciona os participantes. Alguns centros de convenções oferecem os equipamentos necessários para esse trabalho – esse fato deve ser considerado quando da escolha do local.

Para a tradução simultânea são necessárias cabines, com tradutores ou intérpretes trabalhando em regime de rotatividade. Essas cabines são montadas com a designação do idioma interpretado por meio de bandeirolas fixadas nas portas. A transmissão é feita por canais de áudio, pelo sistema de rádio ou diretamente aos participantes, que ligam fones de ouvido a entradas instaladas nos braços das poltronas. Algumas empresas especializadas fornecem os equipamentos necessários e, eventualmente, os tradutores. Eis a principal atividade prevista para os responsáveis por esse serviço:

- Sistematizar o fornecimento e a devolução de fones de ouvido: a) entregar um fone por participante, sintonizado no idioma por ele solicitado (ou indicar a entrada correta); b) reter, com os devidos cuidados, um documento de identidade do participante; c) organizar adequadamente os documentos dos participantes, para devolvê-los com rapidez e segurança após a entrega do aparelho.

6 Planejamento de material, equipamentos e serviços

Para que um evento se desenrole de maneira satisfatória, é preciso gerenciar corretamente material, equipamentos e serviços.

Os materiais e equipamentos são normalmente alugados ou emprestados e podem fazer parte da estrutura oferecida pelo local no qual será realizado o evento. Não podem ficar de fora:

- Cadeiras comuns: a quantidade deverá sempre exceder à prevista.
- Cadeiras ou poltronas estofadas com diversos tamanhos de espaldar (encostos), que serão utilizadas para a mesa diretora ou de honra: também devem ser providenciadas em quantidade superior àquela determinada pelo cerimonial.
- Mesa diretora ou de honra em tamanho adequado e outras mesas necessárias para acomodação das autoridades: poderão ser montadas por meio de junção, desde que tenham a mesma altura, ou montadas com pranchas de madeira em diversos tamanhos e formas, a fim de atender às mais diferentes necessidades.
- Parlatório, tribuna ou pódio, com iluminação, se necessário.
- Mastros para as bandeiras, com o respectivo dispositivo ou base, tanto para utilização interna como externa.
- Bandeiras, prevendo-se os países, estados e municípios a serem representados, quando for o caso.
- Palco ou praticáveis para a armação.
- Cadeiras para os integrantes dos grupos musicais, coral e orquestra e, se necessário, todo o material especifico para as apresentações
- Toalhas para cobrir as mesas em toda sua extensão, especialmente a parte voltada para a plateia.
- Copos, bandejas, cinzeiros, garrafas de água e material específico de copa.
- Cartazes indicativos.

- Cavaletes e estacas para a determinação de espaços, acompanhados de cordões de isolamento.
- Instalações elétricas com tomadas de força para todos os fins, principalmente para atender à imprensa.
- No caso de haver vestiário, cabides ou cavaletes, linhas, agulhas, ferro de passar, tábua e outros materiais específicos.
- Material para revestimento de instalações: lonas plásticas, tecidos para decoração, tapetes e passarelas.
- Previsão de transporte geral para os equipamentos, materiais e pessoas: ônibus, caminhões, vans e carros.
- Outros materiais: placa comemorativa, fita de inauguração, jornais diários, revistas e livro de presença.

Material de apoio aos participantes

- Início do evento: a) pastas com logotipo dos promotores e patrocinadores; b) crachás com logotipo; c) blocos para anotações; d) lápis ou canetas esferográficas; e) fichas para perguntas, com logotipo; f) programa geral do evento; g) regimento e regulamento do evento e das sessões; h) instruções para a participação em comissões técnicas.
- Durante o evento: a) currículo dos oradores; b) apostilas e/ou resumos de trabalhos.
- Final do evento: a) recomendações e/ou conclusões do evento; b) anais.

Material de orientação aos participantes

- Antes do evento: a) mapas de acesso para os que optarem pelo transporte próprio; b) faixas e placas indicativas, a serem fixadas em diferentes pontos da localidade do evento; c) croqui da localidade, com indicação dos principais pontos da cidade (igrejas, shoppings, centros comerciais, rodoviária, aeroporto e o local da realização do evento).
- Início do evento: a) horários e pontos de embarque do transporte local; b) horários e pontos de embarque do esquema de transporte fornecido pelo evento; c) calendário definitivo; d) programas; e) folheto com informações relevantes sobre a cidade-sede do evento; f) braçadeiras, se houver previsão de algum tipo de divisão em grupos; g) recibo aos pagantes da taxa de inscrição; h) instruções gerais.
- Final do evento: lista dos participantes.

Material de divulgação

- Cartazes.
- Folhetos.
- Boletins.
- Circulares.
- Envelopes promocionais.
- Lista de empresas colaboradoras.
- Faixas e placas a serem afixadas em diferentes pontos da cidade.
- Adesivo para carros.
- Boletins informativos especiais.
- Folhetos promocionais das entidades promotoras e patrocinadoras.
- Medalhas e placas comemorativas para homenagens especiais.
- Flâmulas.
- Selos promocionais para correspondência.
- Folhetos turísticos, com indicações de hotéis, restaurantes, bares, danceterias, transportes, atrações locais e outros.

Material de divulgação individual

- Calendário parcial, que será renovado à medida que forem confirmadas as atividades e a presença de autoridades e oradores.
- Mala direta (folhetos, circulares, cartas personalizadas, convites).
- Material para contatos pessoais: apoia o trabalho realizado com lideranças para a conquista de patrocínios, abrangendo credenciais, folhetos promocionais, listas de convidados, oradores e expositores, cartas de recomendação e outros.
- Cartas ou ofícios: encaminhados com a finalidade de oficializar os contatos pessoais, podendo apresentar, com clareza, os objetivos do evento, os motivos do convite de participação a determinadas autoridades ou patrocinadores, expositores, promotores etc.
- Boletins especiais: pequenos informativos que circulam antes do evento. Informam sobre o andamento da preparação, presenças confirmadas, recebimento de trabalhos, hotéis bloqueados, meios de transporte, entre outros. São enviados tanto aos que já efetivaram a inscrição como aos participantes em potencial.
- Material de agências de turismo e da companhia aérea.

- Boletins informativos: pequenos impressos que circulam durante a realização do evento, informando sobre as próximas atividades, programação social e de lazer, concursos, promoções paralelas e similares.

Material de divulgação massiva

- Cartazes de rua: utilizados para a divulgação em grandes cidades e também para a sensibilização final dos interessados.
- Cartazes do evento: podem ser distribuídos por todo o país e até mesmo em outras nações.
- Faixas: utilizadas para conferir um caráter festivo à localidade onde será realizado o evento e para saudações; devem-se obter licenças para a fixação, determinando as equipes para colocação e retirada após o evento.
- Anúncios publicitários: comunicação realizada mediante a compra de espaços nos veículos de comunicação de massa, após estudo de mídia para obter maior cobertura.
- Rádio e televisão: veiculação de mensagens especialmente preparadas para os veículos audiovisuais, como apoio ou serviço público. Havendo a disponibilidade de verbas e dependendo do alcance do evento, esse serviço poderá ser realizado pelo processo normal de pagamento por veiculação, considerando, também, o estudo de mídia.
- Jornais e revistas: a divulgação se faz, inicialmente, por meio de comunicados de imprensa enviados aos departamentos de jornalismo dos veículos; posteriormente, procura-se obter cobertura para o evento e realizar, se for o caso, o processo de entrevista coletiva e/ou o lançamento para imprensa.

Material promocional

- Antes do evento: a) caderno de hotéis, com indicação de todas as formas de hospedagem, além da qualidade e preços de hotéis e alojamentos; b) guia de voos, com tabelas e tarifas aéreas, prevendo-se várias procedências, e, se possível, com a indicação de uma empresa aérea como transportadora oficial; c) guia de transporte rodoviário, com tabelas e tarifas do transporte terrestre, prevendo-se várias procedências.
- Início do evento: a) folhetos do evento, de promotores e de patrocinadores; b) blocos de papel para anotações; c) canetas esferográficas e/ou lápis; d) réguas; e) pastas; f) caderno de compras, de lazer e de res-

taurantes; g) material promocional dos promotores e dos patrocinadores; h) vales-refeição.
- Durante o evento: a) brindes; b) convites especiais; c) envelopes promocionais; d) roteiros de visitas de interesse dos patrocinadores; e) senhas para sorteios; f) amostras.
- Final do evento: lista das empresas patrocinadoras.

Produtos promocionais

- Adesivos para carros.
- Medalhas, moedas e placas comemorativas.
- Flâmulas.
- Selos promocionais para correspondência.
- Selos postais comemorativos do evento.
- Cartões dos Correios especialmente selados e carimbados.
- Adesivos em geral.
- Distintivos.
- Fotografias.
- Cartelas para estacionamento.
- Central de cópias.
- Posto do correio.
- Broches.
- Jornais diários e revistas.
- Camisetas.
- Chaveiros.
- Artesanato.
- Bonés.
- Livros.
- Leques.
- Obras de arte em geral.

Material e equipamento de expediente

- Alfinetes/cordões para crachás.
- Alfinetes e/ou tachinhas para painéis e quadros.

- Almofadas para carimbos.
- Balcões, se for o caso.
- Borrachas.
- Caixa de costura.
- Caixa de primeiros socorros.
- Caixas de papelão.
- Calculadora eletrônica.
- Calendários.
- Canetas esferográficas.
- Canetas hidrográficas de várias cores.
- Carimbos.
- Cartolinas.
- Cartuchos para impressão.
- Cestos de lixo.
- Clipes.
- Cola.
- Corretivos.
- Elásticos.
- Envelopes avulsos timbrados no tamanho ofício.
- Envelopes tipo "saco" timbrados (com logotipo).
- Etiquetas.
- Fichas de inscrição com logotipo.
- Fio de náilon.
- Fita adesiva.
- Fita-crepe.
- Formulários para controle.
- Fósforos.
- Furador.
- Grampeador.
- Grampos.
- Guia da cidade.
- Guias alfabéticos
- Lanternas.
- Lápis.

- Mesas e cadeiras.
- Mesas para computador.
- Papel sulfite e timbrado (com logotipo).
- Pincel atômico.
- Recibos padronizados.
- Réguas.
- Relação de telefones e ramais.
- Tesouras.

Equipamentos e recursos audiovisuais

- Sistema de som compatível com o local.
- Computadores com acesso à internet.
- Equipamentos com recursos audiovisuais.
- Aparelho para a execução de CDs e DVDs.
- Projetor multimídia.
- Microfones, cujo número deve ser determinado em função da quantidade de pessoas que farão pronunciamentos; a presidência da mesa e o mestre de cerimônias contarão com microfones exclusivos.
- Microfones com ou sem fio (de lapela, de mesa, com pedestal e volantes).
- Amplificadores.
- Gravadores e fitas para o registro do ato.
- Projetor de filmes, se for o caso (8 mm, 16 mm, 32 mm).
- Projetor de *slides*, se for o caso (manual ou sincronizado).
- Cavaletes e flanelógrafo, se for o caso.
- Quadro-negro.
- Retroprojetor com apontador.
- Lâmpadas para projetores.
- Transparências.
- Canetas para transparências.
- Blocos para anotações.
- Lápis ou canetas.
- Monitores.
- Tribuna.

Material impresso

Material impresso interno

- Cartazetes indicadores dos locais onde funcionarão os diversos setores do evento: plenário, tesouraria, inscrições, imprensa etc.
- Cartazetes com numeração para salas e veículos, em diversos tamanhos e formas.
- Cartazetes indicativos de salas e instalações.
- Crachás para as diversas categorias de participantes.
- Crachás especiais para comissões.
- Crachás especiais para convidados especiais.
- Crachás codificados para membros da comissão de segurança.
- Croquis dos locais onde serão realizados os trabalhos.
- Lista de telefones úteis.
- Fichas de inscrição.
- Fichas de inscrição de cortesia.
- Convites.
- Papel timbrado, em diversos tamanhos.
- Envelopes timbrados, em diversos tamanhos.
- Talões de recibo com logotipo.
- Formulários para controle financeiro.
- Formulários para confirmação de recebimento de inscrições.
- Contratos padronizados.
- Laudas.
- Cartões de visita.
- Memorandos.
- Certificados para as diversas categorias de participantes.
- Listas ou fichas de presença.
- Questionários das pesquisas.

Material impresso externo

- Cartas de agradecimento.
- Cartas ou cartões de boas-vindas.
- Senhas para votação.

Material para o cerimonial

- Cartões para serem enviados às autoridades, junto com os ofícios-convite, contendo nome, cargo e representantes.
- Placas e crachás de mesa para serem colocados nas mesas de trabalho.
- Bandeirolas de mesa.

Convites

Os convites são fundamentais em qualquer evento. Deverão ser convidados:

- Autoridades federais, estaduais e municipais que tenham ligação direta ou indireta com o evento ou a cerimônia.
- Autoridades religiosas, sem que se esqueçam os aspectos ecumênicos vigentes em muitos credos religiosos.
- Imprensa, sem deixar de lado nenhum veículo e considerando concretamente a audiência de cada um deles, para que a informação tenha a maior amplitude possível.
- Lideranças em geral (representantes de sindicatos, associações, clubes etc.).
- Profissionais ligados ao evento.
- Autoridades que fazem parte do círculo de relacionamentos pessoais da instituição, recebendo convites com cárater mais pessoal. Nesse grupo poderão ser incluídos o público interno e misto do orgão em questão.
- No caso das instituições de ensino, parentes e amigos dos formandos receberão os convites diretamente destes.

Um convite especial deverá ser criado para cada um desses grupos, levando-se em consideração a linguagem, texto final, ilustrações, tipos de papel etc. Não se pode esquecer que o convite também é um veículo de comunicação, e como tal merece muito cuidado.

No planejamento dos convites, deverão ser considerados os seguintes itens, de acordo com cada grupo de convidados:

- Atualização das listas das autoridades que serão convidadas em função da ênfase que se pretende dar à cerimônia.

- Criação e impressão dos convites para autoridades.
- Envelopes e formas de endereçamento.
- Criação e impressão de convites pessoais da direção da empresa ou redação de modelo padronizado de ofício-convite para autoridades especiais. Cuidado com formas de tratamento, redação e fechos.
- Estabelecimento de um cronograma envolvendo as datas em que todos os convites estarão disponíveis, e, a partir daí, controle de todas as outras datas.
- Previsão de despesas de correio e, se for o caso, com a entrega pessoal para determinadas autoridades.

No convite para as autoridades, não se deve mencionar se tomarão parte da mesa principal, pois isso poderá acarretar problemas de ampliação ou redução de lugares de última hora.

Ao enviar os convites, é preciso prever a forma de confirmação de presença de autoridades e o esquema para realizar tal trabalho. No próprio convite poderá ser mencionada a necessidade de confirmação e como fazê-lo.

O convite também poderá informar o traje a ser utilizado na cerimônia.

Serviços

- De arte (criação e desenho de folhetos, cartazes etc.).
- De fotografia.
- De recursos audiovisuais.
- De bufê.
- De decoração floral.
- De impressão em geral.
- De digitação.
- De redação.
- Médicos.
- De recepção.

Instalações

Ao preparar as instalações, é preciso observar se elas possuem:

- Salas para tradutores/intérpretes.
- Equipamentos para ouvir a tradução simultânea.
- Instalações elétricas adequadas.
- Microfones.
- Material de projeção.
- Iluminação.
- Alto-falantes.
- Telas.
- Tomadas para utilização de equipamentos de gravação por parte da imprensa.

Em alguns casos, é recomendável providenciar salas especiais para receber e acomodar a imprensa. Há também ocasiões em que é importante montar salas para comissões, júris, grupos de trabalho e outros.

7 A escolha do local do evento

Antes da escolha do local em que ocorrerá o evento, devem-se levar em consideração vários aspectos – como a colocação de equipamentos e a movimentação de pessoas. O leiaute do local será incrementado por meio de um croqui detalhado e, eventualmente, executado especialmente.

O profissional de eventos deve prever:

- Mesa principal, suas dimensões e número de lugares.
- Local da mesa principal e se ficará sobre um tablado ou palco e a altura deste.
- Locais para bandeiras e tribuna.
- Mesas e cadeiras para convidados gerais e disposição de todos os participantes e convidados do evento.
- Local para o trabalho de imprensa.
- Local para corporações musicais (orquestras, bandas, coros etc.).
- Local para assessores de autoridades ou convidados.
- Local de espera para os participantes diretos do evento.
- Local para o pessoal de apoio.
- Locais complementares, como sala de imprensa e recintos para comissões técnicas, júris, secretaria geral.
- Local para a instalação de cabines de tradução simultânea.
- Estacionamento de veículos de autoridades e de apoio.
- Estacionamento geral.
- Segurança patrimonial e pessoal dos participantes e autoridades.
- Aspectos complementares: decoração floral, painéis, revestimentos necessários, vestiários, cobertura e abrigos externos.

Check-list para a escolha do local do evento

Descrição das exigências do local do evento	O projeto prevê? Campo A		O local atende? Campo B			Resultado
	Sim (2)	Não (0)	Sim (2)	+ / – (1)	Não (0)	(AxB) =
Definição prévia do local						
Número de participantes no auditório						
Salas para atividades concomitantes						
Espaço para expositores (medidas)						
Fornecimento de equipamentos pelo local						
Fornecimento de serviços pelo local						
Facilidades de acesso aos participantes						
Região geográfica como atração						

Obs.: Continuar a aplicação do instrumento se todos os (A ≠ 0) x (B) ≠ 0.

Descrição das exigências do local do evento	O projeto prevê? Campo A		O local atende? Campo B			Resultado
	Sim (2)	Não (0)	Sim (2)	+ / – (1)	Não (0)	(AxB) =
Instalações principais e auxiliares (1)	Subtotal (1)					
Autoridades e convidados no palco						
Mesa de honra (dimensão)						
Cadeiras com diferentes espaldares						
Tribuna para oradores						
Toalha para mesa de honra						
Material de copa para o palco						
Bandeiras e mastros no palco (indicar)						
Microfones no palco (quantidade)						

continua ▶

Descrição das exigências do local do evento	O projeto prevê? Campo A		O local atende? Campo B			Resultado
	Sim (2)	Não (0)	Sim (2)	+ / − (1)	Não (0)	(AxB) =
Microfones volantes (quantidade)						
Uso de material audiovisual no auditório						
Tradução simultânea no auditório						
Salas para laboratórios (quantidade)						
Salas para curso (número)						
Salas para oficinas (número)						
Salas independentes de projeção						
Salas de vídeo (número)						
Salas para comissões técnicas (número)						
Uso de sistema de som nas salas						
Mesas modulares nas salas (quantidade)						
Cadeiras avulsas nas salas (quantidade)						
Uso de material audiovisual nas salas						
Material de copa nas salas						
Tradução simultânea nas salas						
Lugar para demonstrações						
Fornecimento de estandes						
Instalações elétricas						
Ar-condicionado na área dos estandes						
Ar-condicionado individual						
Iluminação adequada						
Montagem dos estandes						
Área útil (medidas)						

continua ▶

Descrição das exigências do local do evento	O projeto prevê? Campo A		O local atende? Campo B			Resultado
	Sim (2)	Não (0)	Sim (2)	+ / − (1)	Não (0)	(AxB) =
Área total (medidas)						
Área coberta (medidas)						
Área descoberta (medidas)						
Ventilação adequada do local						
Sala de imprensa						
Espaço para laboratório fotográfico						
Sala para entrevistas coletivas						
Salas para atividades internas						
Secretaria geral						
Entrega de materiais						
Tesouraria, com segurança						
Presidência do evento						
Almoxarifado						
Salas aclimatada para computadores						
Salas para serviços individuais (número)						
Salas para reuniões paralelas (número)						
Salas de espera mobiliadas						
Salas de descanso do pessoal de apoio						
Lugares para serviço de água e café						
Instalações para serviços complementares						
Uso de vestiário						
Uso de camarins						
Uso de cozinha						
Controle de vazamento de som e ruídos						
Nível adequado de iluminação						

continua ▶

Descrição das exigências do local do evento	O projeto prevê? Campo A		O local atende? Campo B			Resultado
	Sim (2)	Não (0)	Sim (2)	+ / − (1)	Não (0)	(AxB) =
Existência de ar-condicionado						
Existência de aquecedores						
Exaustão eficiente dos ambientes						
Ventilação adequada						
Inexistência de umidade						
Cores ambientais adequadas						
Presença de deficientes físicos						
Imagem favorável advinda do local						
Sinalização indicativa e de orientação						
Instalações complementares (2)	Subtotal (2)					
Áreas de descanso para participantes						
Bebedouros						
Berçário						
Cantina						
Cofre						
Correio						
Elevadores (fatores positivos ou negativos)						
Estacionamento (medidas e lugares)						
Gerador						
Guarda-volumes						
Instalações sanitárias (quantidade)						
Lanchonete						
Posto médico						
Refeitório						
Restaurante						

continua ▶

Descrição das exigências do local do evento	O projeto prevê? Campo A		O local atende? Campo B			Resultado
	Sim (2)	Não (0)	Sim (2)	+ / − (1)	Não (0)	(AxB) =
Materiais e equipamentos complementares (3)			Subtotal (3)			
Bandeiras e mastros exteriores						
Palanque para autoridades (medidas)						
Palanque para imprensa (medidas)						
Painéis decorativos						
Quadros de avisos (número)						
Passadeiras						
Passarelas						
Uso de tapetes						
Cavaletes e mourões						
Uso de cordas de isolamento						
Distribuição de cestos de lixo						
Distribuição de cinzeiros						
Equipamentos disponíveis no local (4)			Subtotal (4)			
Equipamento audiovisual no auditório						
Equipamento audiovisual nas salas						
Estúdio de gravação de som						
Estúdio de gravação de imagem						
Central de auxílios audiovisuais						
Uso de computadores (número)						
Uso de máquinas copiadoras (número)						
Instalação de computadores (número)						
Instalação de telefones (número)						

continua ▶

Descrição das exigências do local do evento	O projeto prevê? Campo A		O local atende? Campo B			Resultado
	Sim (2)	Não (0)	Sim (2)	+/- (1)	Não (0)	(AxB) =
Serviços oferecidos pelo local (5)			Subtotal (5)			
Utilização de gráfica						
Serviços de computação						
Estabelecimento de secretaria geral						
Instalação de laboratório fotográfico						
Serviços de limpeza						
Segurança interna						
Serviços de copa						
Alocação de recepcionistas (número)						
Alocação de tradutores e/ou intérpretes						
Alocação de médicos						
Alocação de enfermeiras						
Manobristas no estacionamento						
Garçons para auditório e salas						
Zeladoria durante as sessões						
Serviços de digitação (número)						
Alocação de operadores de equipamentos						
Serviço de locução						
Logística de serviços (discriminar)						
Uso de crachás para os participantes						
Instalações auxiliares nas proximidades (6)			Subtotal (6)			
Centro comercial						
Hotéis						

continua ▶

Descrição das exigências do local do evento	O projeto prevê?		O local atende?			Resultado
	Campo A		Campo B			
	Sim (2)	Não (0)	Sim (2)	+ / − (1)	Não (0)	(AxB) =
Restaurantes						
Teatros						
Museus						
Shopping centers						
Transporte urbano						
Farmácias						
Hospitais						
Posto médico						
Aeroporto						
Rodoviária						
Autoestrada						
Via expressa						
Localização e acesso (7)			**Subtotal (7)**			
Hotel						
Estância						
Campus universitário						
Instituto de pesquisa						
Estabelecimento de ensino						
Centro empresarial						
Centro de convenções						
Fácil acesso aéreo ao local						
Fácil acesso terrestre ao local						
Região geográfica (8)			**Subtotal (8)**			
Existência de estrutura hoteleira						
Infraestrutura necessária na cidade						
Vocação da cidade para promover eventos						
Facilidades turísticas na região						
Existência de patrocinadores em potencial						

continua ▶

Descrição das exigências do local do evento	O projeto prevê? Campo A		O local atende? Campo B			Resultado
	Sim (2)	Não (0)	Sim (2)	+ / − (1)	Não (0)	(AxB) =
Repetição de local ou região anterior						
Motivação da participação em função do local						
Despesas compatíveis aos participantes						
Condições climáticas na época do evento	Subtotal (9)					
Temperatura média ideal						
Estação do ano mais adequada						
Condições atmosféricas (especificar)						

Cálculo do índice de decisão

Subtotais

1 ____ X 9 = ____ (a);
2 ____ X 6 = ____ (b);
3 ____ X 1 = ____ (c);
4 ____ X 1 = ____ (d);
5 ____ X 4 = ____ (e);
6 ____ X 4 = ____ (f);
7 ____ X 3 = ____ (g);
8 ____ X 3 = ____ (h);
9 ____ X 2 = ____ (i).

Total de pontos

a + b + c + d + e + f + g + h + i

33

Índice de decisão

Preço total do local:

Total de pontos:

8 Serviços de apoio ao evento

Os serviços de apoio estabelecem o tipo e a quantidade de unidades operativas autossuficientes para o atendimento e recepção de autoridades, visitantes, convidados e imprensa em programações complexas, com diversos locais envolvidos e variada procedência de participantes.

Funcionam, normalmente, nos aeroportos e rodoviárias, nos locais de hospedagem e nos pontos que sediam as diversas programações de um evento, relacionando-se com os serviços de transporte e os serviços de assistência médica, no caso de acidentes graves.

Cada ponto de apoio é dirigido por um coordenador, que conta com a colaboração de outras pessoas, especialmente recepcionistas, digitadores e motoristas. O material a ser utilizado nos pontos de apoio deve ser selecionado de acordo com as características de cada local.

Atividades e providências dos serviços de apoio

- Recepcionar autoridades, convidados, visitantes, imprensa.
- Solicitar convites, credenciais ou identificação.
- Verificar crachás.
- Anotar presenças nas listas de convidados.
- Conhecer os horários de chegada.
- Prestar todas as informações solicitadas sobre o evento.
- Cumprir as orientações sobre a distribuição de pessoal nos veículos.
- Supervisionar a organização de comboio, se for prevista a sua formação.
- Avisar o coordenador do evento da chegada de autoridades e demais convidados.

- Providenciar transporte de emergência caso haja pessoas atrasadas ou outros problemas.
- Acompanhar, se previsto, o desenvolvimento do evento, após cumprir as tarefas predeterminadas.
- Consultar o coordenador do evento caso apresentem-se pessoas que não constem da listagem geral ou que não tenham convite.
- Levantar o número final de todas as autoridades e convidados presentes no evento.
- Comunicar ao responsável pelos serviços complementares o número de pessoas que serão servidas.
- Comunicar ao encarregado do cerimonial a presença de autoridades e destacar aquelas que comporão a mesa diretora ou de honra.

Em aeroportos e rodoviárias

- Receber cordialmente visitantes e convidados.
- Auxiliar no desembarque de bagagens.
- Indicar aos participantes os meios de transporte que utilizarão.
- Fornecer qualquer tipo de informação sobre o evento.
- Resolver quaisquer imprevistos.

Nos locais de hospedagem

- Recepcionar convidados e visitantes.
- Acompanhar a acomodação no local de hospedagem, de acordo com as reservas realizadas.
- Providenciar e/ou acompanhar o envio de bagagens aos apartamentos e quartos.
- Resolver quaisquer imprevistos, como perda de bagagem ou troca de acomodações.
- Acompanhar os visitantes e convidados durante todo o tempo de permanência, atendendo às necessidades de serviços individuais e complementares.
- Informar sobre a programação de transporte e lembrar a todos minutos antes de sua execução.

Nos serviços de transporte

- Credenciar visitantes e convidados para que utilizem os serviços de transporte.

- Acompanhar a sua execução, zelando especialmente pelo itinerário a ser cumprido.
- Verificar a presença de todos aqueles designados para cada um dos veículos, em todos os embarques.
- Prestar atendimento de primeiros socorros em caso de mal-estar ou acidente, encaminhando a pessoa para o serviço de assistência médica.
- Assegurar-se da competência e integridade dos motoristas encarregados do transporte.
- Familiarizar-se com os equipamentos dos veículos, especialmente dos ônibus.
- Coordenar os horários de saída e chegada.
- Entregar a cada um dos convidados e visitantes um cartão com a numeração do veículo a ser utilizado.
- Alertar os passageiros sobre a possibilidade ou não de deixar objetos pessoais nos veículos.

Material e equipamento do ponto de apoio

- Cópias do calendário do evento.
- Lista de todos os convidados e autoridades, preparada em ordem alfabética e por origem e/ou tipo de veículo utilizado.
- Mapas da distribuição de pessoal nos veículos.
- Crachás para visitantes, autoridades, convidados e imprensa.
- Computadores para o preenchimento de crachás.
- Placa que indique a finalidade do ponto de apoio.
- Lista com os números de telefone de escritórios, portarias, pontos de táxi, hotéis, hospitais e serviço policial.
- Listagem do itinerário completo, durante todo o evento.
- Intercomunicadores.
- Previsão dos diversos horários de chegada e de partida, do transporte rodoviário e/ou aéreo.
- Listas de autoridades que comporão a mesa diretora ou de honra.
- Brindes.
- Equipamentos de som e/ou megafones.
- Guarda-chuvas.
- Cartões telefônicos.

- Dinheiro, talão de cheque ou cartão.
- Relação dos locais de hospedagem, com nomes, endereços e telefones.
- Mapa da cidade.
- Relação completa dos nomes dos organizadores do evento.
- Material com informações turísticas e históricas da localidade.
- Balcões e mesas para o trabalho de digitadores e para acomodar os recepcionistas.
- Relação de participantes que se acomodarão em cada um dos locais de hospedagem.
- Cópias das diversas programações do evento.
- Quadros ou painéis para afixação dos horários de transporte e demais programações.
- Caixa de primeiros socorros.

Equipe do ponto de apoio

O pessoal envolvido nessa atividade deverá receber funções bem definidas, e o encarregado do cerimonial ou programador geral jamais poderá agir só. A seguir são descritas algumas tarefas e profissionais de tal equipe.

Mestre de cerimônias

Pessoa que tem a missão de conduzir o evento. Sua voz deve ser testada em microfone, pois sua função é anunciar as diversas etapas da programação e também apresentar pequenos textos específicos, tais como congratulações, saudações e, eventualmente, homenagens póstumas.

Seu trabalho não pode ser realizado de improviso. Esse profissional deve ser treinado com antecipação e ter bom-senso para contornar qualquer problema ou eventualidade durante a cerimônia. Poderão ser estabelecidos códigos ou sinais – imperceptíveis para a audiência – entre o mestre de cerimônias, o anfitrião ou presidente da solenidade e o chefe do cerimonial para superar dificuldades.

Auxiliares do cerimonial

Colaboradores que precisam ter conhecimento detalhado de toda a cerimônia e funcionam como braço direito do organizador. Entre outras funções, terão de anotar, em listas próprias, a chegada de autoridades ou representantes, considerando o cargo de cada um deles.

Para essa função devem ser indicadas pessoas que conheçam todos os convidados. Como nem sempre isso é possível, pode-se usar um álbum de fotografias ou solicitar a cada convidado que se apresente em local predeterminado – ou para pessoas previamente indicadas – assim que chegar ao local do evento. De posse das confirmações de presença, deverão entregá-las ao encarregado do cerimonial, paulatinamente, para a montagem final da mesa principal.

Outra função desenvolvida por essas pessoas é a de auxiliares de palco. Na instalação do ato solene, indicam os locais aos convidados, evitando confusões ou troca de lugares. Também ficam à disposição do encarregado do evento para eventuais colaborações ou providências de emergência.

Antes da realização do evento, colaboram com o encarregado do cerimonial nos diversos treinamentos necessários para os outros elementos de apoio. Recomenda-se que estejam em todos os pontos-chave do evento.

Recepcionistas

São os encarregados do contato direto com os participantes ou convidados de um evento, do início ao fim.

Na hora de planejar o evento, é preciso determinar as formas de seleção, contratação, treinamento e pagamento dos recepcionistas. Normalmente, prevê-se um número suficiente de funcionários para atender a distribuição de materiais, acompanhar o serviço de imprensa, participar do atendimento em estandes, compor o pessoal nos pontos de apoio, acompanhar todas as atividades previstas, apoiar o serviço receptivo do evento, a secretaria geral etc.

Os recepcionistas devem refletir o "clima" do evento ou programação, prestando bom atendimento, sendo cordiais e prestativos. Especialmente para o serviço receptivo, devem ser contratadas pessoas que conheçam toda a programação do evento. É recomendável contratar pessoal próprio e treiná-lo com seriedade.

Técnicos de som

Profissionais que dominam o equipamento disponível para a solenidade, montando-o e regulando-o para que a distribuição do som chegue a todos os recantos do local. Poderão auxiliar as pessoas que farão pronunciamentos.

Copeiros ou garçons

Para que este serviço não prejudique a cerimônia, sugere-se que sejam estudados os momentos mais propícios para servir água, o que nunca poderá ocorrer durante a execução de hinos nacionais ou durante discursos. Os copeiros/garçons também poderão atender os convidados antes do início da cerimônia, para que estes não abandonem os locais indicados.

Camareiras

Responsáveis pelo atendimento de autoridades quando se usam vestes especiais. Nas colações de grau, por exemplo, sempre há necessidade de fazer a barra de uma beca ou de pregar um botão. Poderão responsabilizar-se, também, pelos sanitários colocados à disposição da audiência, cuidando de sua limpeza e conservação.

Segurança

Em uma grande solenidade, a segurança é algo complexo. Se houver a presença de uma autoridade federal ou estadual, o contato com a respectiva segurança deverá ser feito com antecedência, facilitando o trabalho de ambas as equipes. Se, entretanto, a segurança for de inteira responsabilidade da instituição promotora do evento, será necessário flexibilizá-la ligeiramente, se possível, e não deixá-la muito ostensiva.

As preocupações devem começar com o policiamento de trânsito, com o qual o órgão municipal próprio pode colaborar, desde que previamente avisado. Em seguida, há a segurança dos estacionamentos, nos quais funcionários devem controlar rigorosamente a entrada de veículos. É preciso que tenham bom-senso e solicitem a ajuda do cerimonial caso deparem com o famoso "Você sabe com quem está falando?"

O patrimônio também deve ser protegido. Muitas vezes, a instituição aluga carros e equipamentos que têm de ser bem guardados.

A segurança velada deve estar à disposição para afastar, delicadamente, elementos inoportunos que estejam fora de seu contexto.

É fundamental que todos os seguranças sejam longamente treinados. Além disso, precisam conhecer muito bem o local, bem como o significado da cerimônia e o que ocorrerá durante sua realização.

Pessoal de transporte

Esses trabalhadores ficam encarregados de transportar todo o material utilizado no evento (cadeiras, mesas, equipamento de som etc.). A montagem geral do palco e de cortinas, bem como a distribuição de cadeiras de acordo com o que foi determinado no croqui e o retorno desse material para os diversos pontos de origem, também poderá ser sua responsabilidade.

Esses funcionários precisam estar preparados para racionalizar o transporte, evitando correrias e esquecimentos. Um projeto específico para tal poderá ser preparado. (Não se esqueça do alto custo do combustível: evite voltas desnecessárias.)

Entre suas atribuições também pode estar o transporte de outros elementos de apoio, das corporações musicais e de todo o material necessário para as apresentações destas.

Pessoal de apoio

É constituído por aqueles que coordenam a preparação, organização e distribuição dos participantes diretos do ato solene (alunos em uma formatura, por exemplo). Tais providências também requerem um planejamento minucioso, principalmente no que diz respeito a estabelecer um fluxo de entrada de pessoas: sem esse controle, o mestre de cerimônias não terá condições de realizar seu trabalho.

Os apoiadores trabalham basicamente antes do evento, mas também podem participar da cerimônia – por isso um local para acomodá-los deve ser previsto.

Assessoria de imprensa

Objetiva oferecer, aos grupos de interesse, informações sobre o evento, além de despertar expectativas nos possíveis participantes ou interessados.

A assessoria determina que tipo de material de imprensa será preparado e divulgado antes e depois da programação e também durante. Define para quais órgãos de imprensa tal material será enviado, em quantos idiomas e o tipo de cobertura a ser realizada. Entre suas atividades previstas estão:

- Relacionar todos os órgãos de imprensa, independentemente de seu porte.
- Realizar contatos pessoais com os jornalistas especializados no assunto em questão.
- Preparar o material da forma mais completa possível.
- Programar, caso necessário, o transporte, alimentação e hospedagem de repórteres e fotógrafos convidados.
- Coordenar, se necessário, o processo de realização de entrevistas coletivas, inclusive credenciando jornalistas.
- Preparar, dependendo do tipo de informação a ser veiculada, o anúncio para a imprensa.
- Convidar repórteres para a sessão solene de abertura de uma reunião, em especial, e para as sessões de trabalho.
- Indicar um membro da comissão para ser o contato da imprensa.

- Montar, dependendo do porte do evento ou programação, uma sala de imprensa, para facilitar os trabalhos.

Material de imprensa

Conjunto de veículos de comunicação dirigida escrita destinado a informar os órgãos de imprensa sobre a promoção de um evento, programação, ato ou fato. Os responsáveis devem discriminar o tipo de material a ser preparado e enviado, os destinatários, datas e formas de entrega. Esse material pode ser acomodado em pastas ou envelopes que contenham o logotipo da organização promotora.

Tal instrumento – preparado especificamente para a imprensa – deve conter textos completos sobre o evento, os participantes, os convidados e as autoridades presentes, complementados por fotos. As informações têm de ser renovadas à medida que a programação se aproximar da data de sua realização.

Vejamos a seguir alguns tipos de material de imprensa:

- Comunicados.
- Resumos da promoção.
- Programa e calendário.
- Regulamento interno do evento e regimento das sessões.
- Relação de autoridades e oradores, já confirmados e a confirmar.
- Relação das organizações patrocinadoras e promotoras.
- Material ilustrativo preparado especialmente para o evento.
- Resumos teóricos e técnicos apresentados em eventos ou programações anteriores da mesma categoria.
- Durante o evento, cópias dos pronunciamentos.
- Depois do evento, cópias das recomendações, decisões finais e também dos anais.

Órgãos de imprensa

Nenhum órgão de imprensa poderá ser desconsiderado sob o argumento de contar com pouca circulação, cobertura ou abrangência. Entre os veículos que devem ser informados sobre o evento estão:

- Jornais de bairro.
- Jornais de circulação nacional.
- Jornais do interior.
- Jornais de outros países, quando houver interesse.
- Jornais de entidades associativas e sindicais.
- Revistas de informações gerais.
- Revistas especializadas.
- Emissoras de rádio.
- Emissoras de televisão, geradoras e repetidoras.
- Agências de notícias.
- Sucursais, caso haja dificuldade para contatar os veículos listados.
- Sites de notícias.

Contato da imprensa

Membro da comissão de apoio, esse profissional pode ser um jornalista e sua missão é receber, orientar e apoiar todos os repórteres que acorrem a certo local para cobrir um evento. Suas funções são:

- Antes do evento: a) preparar listagens de jornalistas e veículos; b) credenciar todos os repórteres convidados; c) marcar hora e local para a retirada de credenciais; d) preparar cartões de estacionamento; e) providenciar, por meio de doações, exemplares de jornais diários para distribuí-los aos convidados participantes do evento; f) acompanhar a implantação da sala de imprensa.

- Durante o evento: a) facilitar o contato dos repórteres com os oradores; b) coordenar entrevistas rápidas, no início ou ao final de cada sessão ou do evento; c) indicar os melhores locais para a cobertura do evento; d) distribuir cópias de todos os pronunciamentos de autoridades, tomando o cuidado de não ferir o ineditismo; e) elaborar, diariamente, os resumos a serem encaminhados aos veículos que não puderam realizar a cobertura; f) sistematizar a distribuição de notícias e ler o material publicado; g) fornecer informações complementares à imprensa, não se restringindo aos aspectos da solenidade em si; h) coordenar a cobertura documental e fotográfica da solenidade para a organização promotora do evento.

- Após o evento: a) agradecer aos órgãos que participaram da cobertura; b) enviar comunicados de imprensa aos órgãos que não puderam comparecer e para os de outras localidades.

Sala de imprensa

Instalação previamente montada e equipada para atender a imprensa durante a realização de um evento ou programação ampla, facilitando o trabalho de jornalistas e repórteres. Fica sob a responsabilidade do profissional encarregado do contato com a imprensa.

Nesse local poderá haver reuniões diárias, distribuição de material informativo, como a relação de autoridades presentes, convidados especiais, oradores e especialistas, e entrevistas coletivas. Para atender os jornalistas, a sala de imprensa precisa estar devidamente equipada com os seguintes materiais, equipamentos e serviços:

- Mesa de reunião e cadeiras para a realização de entrevistas e reuniões.
- Mesas com cadeiras e computadores com acesso à internet.
- Máquinas copiadoras.
- Equipamento audiovisual.
- Fax, se for o caso.
- Linhas telefônicas diretas.
- Material de consumo: papel sulfite, blocos de papel, lápis e canetas.
- Ambientes reservados para a montagem de estúdios de rádio e televisão.
- Exemplares de todos os materiais de divulgação, de promoção e de apoio que foram entregues aos participantes/visitantes.
- Laboratório fotográfico, se for o caso.
- Serviços complementares.

Entrevista coletiva

Voltada especialmente a jornalistas, durante sua realização são transmitidas a esses profissionais informações sobre um assunto específico. É o mesmo que conferência de imprensa ou coletiva de imprensa. O destaque da coletiva é o entrevistado, mas ela pode ser conduzida por um coordenador quando for necessário observar algumas regras, como o sorteio de jornalistas ou de veículos que farão perguntas ou a limitação do tempo para a formulação das questões.

Normalmente, as entrevistas coletivas têm caráter informal, não havendo regras rígidas de controle da participação. Ao final, são realizados os agradecimentos de praxe e a distribuição de material de apoio – fotos, boletins, relatórios, cópias de matérias já publicadas, material audiovisual – aos presentes como auxílio para a pesquisa documental. Se a entrevista for motivada por uma declaração oficial, cópias de seu conteúdo poderão ser distribuídas ao final, sem que nenhum veículo seja privilegiado.

As providências gerais para a preparação de uma entrevista coletiva iniciam-se com uma análise envolvendo o local onde será realizada. Além disso, alguns aspectos específicos deverão ser considerados:

- Horário: tem de ser compatível com o trabalho da imprensa, para que se assegure a instantaneidade da veiculação das informações ou a fim de que haja tempo para que a notícia seja redigida e publicada.

- Motivação e destaque: existe uma gama enorme de notícias e poucos veículos para divulgá-las, o que, às vezes, impede que repórteres façam uma ampla cobertura do evento. Assim, para que seja estabelecida uma entrevista coletiva, o fato deverá ter grande destaque, podendo estar ligado a um fato mais amplo do qual a organização participe como elemento executor ou operacionalizador de metas, novos produtos ou procedimentos.

- Recurso: a coletiva poderá ser usada como recurso não rotineiro para conquistar a confiança dos jornalistas caso eles percebam que estão sendo convocados para cobrir algo realmente inédito e não apenas informações cotidianas, que poderiam ser transmitidas por meio de comunicados à imprensa.

- Seleção: de acordo com o assunto a ser abordado ou o tipo de entrevista, faz-se a seleção da categoria de jornalistas a ser convidada a participar da coletiva.

- Listagens: em razão da ampla especialização dos assuntos, as listagens de jornalistas devem ser constantemente atualizadas.

- Presença: os jornalistas poderão ser convidados por e-mail ou telefone, quando o assunto for mais urgente, ou ainda por carta ou comunicado; as presenças deverão ser confirmadas para evitar o constrangimento ligado à falta de repórteres para a cobertura do fato. O conhecimento pessoal, nesses casos, é fundamental.

- Apoio logístico: microfones, papéis, lápis, canetas, brindes, recepcionistas.

- Local para a demonstração de produtos, se for o caso.

- Serviço de bufê ou serviços complementares.

9 *Check-list* de alocação de recursos humanos

Apresenta-se um *Checking list* – também chamada de lista de checagem – para a contratação dos recursos humanos necessários para desenvolver as atividades previstas em um evento. Este formulário detalha diversas funções que poderão ser contratados de acordo com o objetivo e a verba disponível.

Deve-se lembrar que não existe um checking list único, válido para todos os eventos. Cada organizador tem sua maneira personalizada de planejar e executar suas tarefas e de delegar poderes e responsabilidades. O melhor checking list é o que você pode preparar para cada tipo de evento e melhorá-lo a cada nova edição que realiza.

Profissionais e/ou especialistas	Antes				Durante	Depois		Responsável
	180 a 60 dias	59 a 20 dias	19 a 5 dias	4 a 1 dia		1 a 5 dias	6 a 30 dias	
advogado								
almoxarife								
animador								
arquiteto								
arte-finalista								
auxiliar de administração								
auxiliar de contabilidade								
auxiliar de enfermagem								
auxiliares de cerimonial								
bombeiro								
caixa								

continua ▶

Profissionais e/ou especialistas	Antes				Durante	Depois		Responsável
	180 a 60 dias	59 a 20 dias	19 a 5 dias	4 a 1 dia		1 a 5 dias	6 a 30 dias	
camareira								
carpinteiro								
cartazista								
chaveiro								
colocador de faixas								
compositor de textos								
contador								
contato da imprensa								
copeiro								
decorador								
desenhista								
diagramador								
digitador								
divulgador (contatos)								
eletricista								
encanador								
encarregado de comunicações								
encarregado de estacionamento								
enfermeira								
engenheiro de manutenção								
engenheiro de som								
entrevistador								
faxineira								
fotógrafo								
garçom								
guia de turismo								
guia social								

continua ▶

Profissionais e/ou especialistas	Antes				Durante	Depois		Responsável
	180 a 60 dias	59 a 20 dias	19 a 5 dias	4 a 1 dia		1 a 5 dias	6 a 30 dias	
iluminador								
ilustrador								
intérprete								
jornalista								
laboratorista fotográfico								
locutor								
manobrista								
marceneiro								
mecânico								
médico								
mensageiro								
mestre de cerimônias								
motoboy								
motoristas								
operador de equipamentos								
operador de sistema de som								
operador de VT								
pesquisador								
pintor de paredes								
policial								
porteiro								
recepcionista: auditórios e salas								
recepcionista: cerimonial								
recepcionista: cobertura de imprensa								

continua ▶

Profissionais e/ou especialistas	Antes				Durante	Depois		Responsável
	180 a 60 dias	59 a 20 dias	19 a 5 dias	4 a 1 dia		1 a 5 dias	6 a 30 dias	
recepcionista: comissão de recepção								
recepcionista: estandes								
recepcionista: hospedagem								
recepcionista: oradores								
recepcionista: pontos de apoio								
recepcionista: programas								
recepcionista: receptivo de evento								
recepcionista: secretaria geral								
recepcionista: serviços individuais								
recepcionista: transporte								
revisor								
secretária								
secretária bilíngue								
secretária trilíngue								
seguranças								
serigrafista								
telefonista								
tradutor								
tradutor simultâneos								
vendedor								
zelador								

10 *Check-list* de planejamento e organização de evento[2]

Um dos eventos mais utilizados pelas organizações na atualidade, a Feira, é um apresentação de seus produtos e serviços para um público estratégico com objetivo de venda direta ou indireta. Geralmente tem a duração média de uma semana. Pode ter propósito comercial, industrial ou simplesmente promocional. Geralmente realiza-se dentro de pavilhões especialmente preparados para essa finalidade. É apropriado quando se deseja atrair grande número de consumidores a um determinado local para apresentação de produtos e serviços de forma motivadora e atraente. A seguir, apresenta-se um *check list* para facilitar a participação num evento deste tipo.

Participação
- Foi estabelecido o orçamento preliminar da participação na feira?
- A contratação do espaço já está confirmada?
- Os pagamentos do espaço já foram acertados com a promotora?
- Os pagamentos das taxas da promotora já foram feitos?
- Os pagamentos das taxas oficiais já foram feitos?
- O regulamento geral da feira já foi adequadamente estudado?
- O material promocional da feira (convites, cartazes e outros) já está em suas mãos?

Estandes
- Estabelecer o espaço destinado à comercialização e/ou doação.
- Fazer o croqui do local, reproduzindo-o tanto interna como externamente dar consistência à estratégia de vendas.

---
2. Adaptada de Barros (2000) e de Miyamoto (1987).

- Identificar o segmento de mercado em questão.
- Planejar a argumentação para as vendas.
- Organizar e controlar a equipe de vendas.
- Promover as vendas.
- Preparar contratos padronizados.
- Criar e produzir o material para divulgação: folhetos, cartas, credenciais, programas do evento.
- Controlar as entrevistas realizadas.
- Controlar as oportunidades de venda.
- Estudar, se for o caso, a possibilidade de criação e a montagem de estandes próprios, definindo o tipo de produto ou serviço a ser oferecido ou exposto; autorizar a instalação de estandes aos que efetuarem os pagamentos necessários e pesquisar os resultados finais obtidos e o nível de satisfação dos expositores com os resultados.
- Haverá necessidade de contratar de montadora?
- Determinou o *briefing* que oferecerá às montadoras?
- Recrutou as montadoras?
- Já escolheu a montadora?
- Verificou a voltagem do local da feira?
- Instalou:
  - tomadas?
  - água?
  - telefone?
  - compressor de ar comprimido?
  - televisão (com a antena ou cabo)
  - aparelho para DVDs?
  - computadores com acesso à internet?
  - estabilizador de energia, transformador e *no-break*?
  - sonorização?
- Contratou:
  - segurança?
  - recepcionista?
  - garçom?

- faxineiro?
- bufê?
- fotógrafo?

Providências na empresa

- Área comercial:
  - mostruário de produtos;
  - listas de preços;
  - cadastro de visitantes;
  - talões de pedidos;
  - lista de convidados.
- Área de comunicação:
  - material promocional;
  - envio de convites;
  - cartazes, *displays*, pôsteres etc.;
  - anúncios;
  - crachás de identificação;
  - brindes.
- Área de pessoal:
  - designação de quadro de pessoal no estande;
  - escala de plantões no estande;
  - treinamento técnico e atendimento no estande;
  - traslados, transporte, estadia de pessoal fora do estado;
  - estadia, refeições, transporte do pessoal do estande.
- Área fiscal:
  - documentos legais do estande;
  - notas fiscais de produtos.
- Área operacional:
  - caixa com pequenas ferramentas;
  - embalagens;
  - transporte de material.

- Área administrativa:
  - cartões de visita;
  - impressos;
  - medicamentos;
  - material de escritório.
- Área financeira:
  - pagamento dos encargos financeiros do estande;
  - reserva de dinheiro (caixa).

Serviços, materiais, equipamentos e infraestrutura para o evento (contratados/adquiridos ou existentes na organização)

- Agências de promoção, *merchandising* e *sampling*.
- Agências/operadoras de turismo para eventos.
- Animação artística.
- Animação de eventos.
- Assessoria de imprensa, relações públicas e *clipping*.
- Balões, infláveis em geral e bandeiras.
- Calendário de eventos *(escolher)*.
- Caligrafia e digitação.
- Coberturas, barracas e quiosques.
- Computação gráfica e videotexto.
- Comunicação dirigida.
- Comunicação e programação visual.
- Condicionadores de ambiente.
- Convites, diplomas e cartões.
- Crachás e produtos para identificação.
- Datas comemorativas *(escolher)*.
- Decoração e paisagismo.
- Edição de anais.
- Efeitos especiais, fogos de artifício e *lasers*.
- Empresas de telemarketing.
- Encomendas e entregas urbanas.

- Equipamentos de TV, foto, cine e vídeo.
- Equipamentos de escritório e informática.
- Equipamentos e serviços de tradução simultânea.
- Equipamentos musicais.
- Estúdio de som e produtora.
- *Flats, residence service.*
- Fotografia aérea.
- Fotografia comercial e industrial.
- Fotojornalismo.
- Fretamento de ônibus.
- Geradores de energia.
- Hotéis.
- Hotéis-fazenda.
- Informatização.
- Laboratório fotográfico.
- Letreiros, luminárias, placas e faixas.
- Locação de artigos de bufê.
- Locação de autos e motos.
- Locação de mobiliário para eventos.
- Locação e instalação de equipamentos de iluminação.
- Locação e instalação de equipamentos de som; sonorização.
- Locação e instalação de equipamentos de telecomunicações.
- Locais diversos para eventos; centros de convenções.
- Manobristas.
- Mão de obra temporária.
- Maquetes e cenografia.
- Marketing direto.
- Materiais para os ponto de venda.
- Material de apoio para eventos.
- Músicos e orquestras.
- Organização de cadastro.
- Organização e divulgação.
- Organização e produção de eventos artísticos.

- Organizadores de eventos.
- Palcos, passarelas, arquibancadas, estruturas diversas.
- Pastas, bolsas e sacolas para eventos.
- Pessoal e serviços de apoio para eventos.
- Placas, troféus e medalhas.
- Produção de audiovisuais.
- Projetos e montagem de estandes.
- Projetos, instalações e equipamento para eventos.
- Quadros-negros, brancos e de avisos.
- Serigrafias, gravações e adesivos.
- Serviços de bufê para eventos.
- Serviços de cerimonial e recepção.
- Serviços de limpeza.
- Serviços de segurança.
- Sistema de sinalização, painéis e *displays*.
- Tradutor e/ou intérprete.
- Transcrição de fitas.
- Transporte e turismo para eventos.
- Transportes especiais.
- Traslados e serviços de táxi.
- Trios elétricos.
- Uniformes, roupas profissionais e trajes promocionais.
- Vitrinismo e material de exposição.

Pós-evento

- Planejamento das ações em relação aos contatos estabelecidos na feira.
- Envio de carta de agradecimento aos visitantes de seu estande.
- Avaliação dos fornecedores contratados para a realização das ações no estande.
- Avaliação da atuação do estande visando à próxima feira.
- Levantamento final dos custos.
- Avaliação dos resultados gerais da feira.
- Decisão de participar ou não do próximo evento.

11 Modelo de *briefing*

O *briefing* é um conjunto de informações preliminares, uma coleta de dados discutidas em uma reunião para o desenvolvimento de um evento, sendo muito utilizadas em Relações Públicas, na Publicidade e na Administração. O *briefing* deve criar um sequência de ações para definir a solução que se procura, é como definir o problema, e com as discussões propor estratégias para criar as soluções. É uma peça fundamental para a elaboração de um projeto de eventos. É um elemento chave para o planejamento de todas as etapas posteriores.

(Empresa/contratante)
Razão social:
Endereço:
Telefones:
Fax:
Página na internet:
Contato:
Cargo (departamento):
Segmento de atuação da empresa:
Produto e/ou linha de produto ou serviço:

1. Evento
1.1. Título
1.2. Objetivo geral do evento (promocional ou institucional)
1.3. Objetivos específicos do evento
1.4. Qual é a tipologia do evento (tipo de evento)?
1.5. Justificativa

2. Público-alvo

2.1. Perfil do público-alvo (sexo, faixa etária, escolaridade, nível socioeconômico, grau hierárquico)

2.2. Número estimado de participantes

2.3. Qual é a origem geográfica dos participantes?

3. Data/duração

4. Local do evento

4.1. Existe um local determinado para o evento?
( ) Sim   ( ) Não
Caso a resposta seja afirmativa, qual é o local? Qual é o endereço? Tem infraestrutura?

4.2. O local escolhido para o evento tem (ou comporta) as seguintes estruturas:

( ) bar   ( ) restaurante   ( ) hotel
( ) clube   ( ) flat   ( ) bufê
( ) casa de shows   ( ) galeria   ( ) museu
( ) centro de convenções   ( ) casa de chá   ( ) feiras
( ) sala de recepção   ( ) auditório   ( ) sala de imprensa
( ) sala vip   ( ) sala de apoio   ( ) estacionamento
( ) cozinha   ( ) copa   ( ) toaletes

5. Alimentação

5.1. Opções

( ) jantar   ( ) almoço   ( ) coquetel
( ) bufê   ( ) *coffee break*   ( ) chá da tarde
( ) café da manhã   ( ) churrasco   ( ) brunch
( ) outro(s):

5.2. Serviço

( ) à francesa   ( ) americano   ( ) à inglesa
( ) outro(s):

5.3. Pratos

( ) canapés   ( ) salgadinhos   ( ) produtos industrializados
( ) entrada   ( ) pratos frios   ( ) pratos quentes

( ) sobremesa
( ) outro(s):

5.4. Bebidas em geral
( ) batida/aperitivo　　　( ) café/chá　　　( ) refrigerantes
( ) água mineral com gás　( ) água mineral sem gás　( ) cerveja
( ) chope　　　　　　　( ) suco de fruta
( ) outro(s):

5.5. Bebidas (vinhos e uísques)
( ) vinho branco nacional　　marca(s):
( ) vinho branco importado　marca(s):
( ) vinho tinto nacional　　　marca(s):
( ) vinho tinto importado　　marca(s):
( ) champanhe　　　　　　marca(s):
( ) uísque nacional　　　　　marca(s):
( ) uísque importado 8 anos　marca(s):
( ) uísque importado 12 anos marca(s):
( ) uísque engarrafado 1/2　 marca(s):
( ) outro(s):

6. Temário ou programa do evento
6.1. Há tema definido?
( ) Sim　( ) Não
Caso a resposta seja afirmativa, qual é o tema do evento?

6.2. Existe um programa do evento?
( ) Sim　( ) Não
Caso a resposta seja afirmativa, descreva-o brevemente.

7. Hospedagem
7.1. O evento inclui hospedagem?
( ) Sim　( ) Não

7.2. Qual é a categoria dos hotéis que serão utilizados?

7.3. Para quem e onde serão feitas as reservas?

Onde:

Reserva:

Número de pessoas:

Número de dias:

Número de quartos: ( ) solteiro   ( ) casal

Extras por conta do cliente: ( ) frigobar   ( ) interurbanos

( ) bebidas   ( ) alimentação

( ) lavanderia

8. Transporte

8.1. Que meios de transporte serão utilizados durante o evento?

( ) ônibus/micro-ônibus   ( ) avião   ( ) carro de passeio

( ) helicóptero   ( ) van   ( ) caminhão aberto

( ) caminhão-baú   ( ) lancha/barco/iate

( ) outro(s):

8.2. Qual é a finalidade do transporte?

8.3. Será necessária uma empresa transportadora oficial do evento?

( ) Sim   ( ) Não

Caso a resposta seja afirmativa, por quê?

9. Turismo

9.1. A quem será oferecido o serviço de turismo?

( ) convidados   ( ) cônjuges   ( ) filhos(as)

9.2. Quais são os roteiros previstos?

10. Serviços aos participantes

10.1. O que será oferecido aos participantes?

( ) alimentação   ( ) brindes   ( ) traslados

( ) atividades sociais ( ) atividades culturais ( ) atividades turísticas

( ) outro(s):

11. Cerimonial
( ) simples
( ) bandeiras
( ) cartões de identificação de autoridades
( ) traje do mestre de cerimônias
( ) discurso
( ) pauta/texto/script
( ) outro(s):

( ) autoridades religiosas
( ) autoridades internacionais
( ) autoridades do governo nacional
( ) autoridades acadêmicas
( ) audiência com autoridades

12. Convidados e autoridades
12.1. Quem são os convidados e as autoridades?
( ) autoridades do governo
( ) acadêmicos
( ) vips
( ) outro(s) grupos:

( ) jornalistas
( ) religiosos
( ) funcionários

12.2. Qual é o diferencial em termos de serviços e que honras serão oferecidas a eles?

13. Manuseio de convites
( ) entregas pessoais
( ) manuseio

( ) entregas protocoladas
( ) postagem

14. Verba
14.1. Existe verba prevista?
( ) Sim ( ) Não

14.2. Qual é o valor?

14.3. Se não for própria, de onde virão os recursos?

15. Comissão organizadora
15.1. Existe uma comissão organizadora?
( ) Sim ( ) Não

15.2. Quais e quantas serão as comissões necessárias?

16. Idioma
16.1. Qual é o idioma oficial do evento?

16.2. Tradução

( ) discurso ( ) palestra ( ) entrevista

Idiomas:

( ) inglês ( ) francês ( ) alemão ( ) espanhol

( ) outro(s):

Tradução simultânea – número de aparelhos:

17. Estrutura e decoração
( ) cantos ( ) palco ( ) passarela
( ) recepção ( ) mesa de apoio ( ) sala para coquetel
( ) sala de jantar/almoço ( ) auditório ( ) biombos
( ) toldos/coberturas ( ) cortinas ( ) lonas
( ) mesa para recepção ( ) mesa no palco ( ) tribuna
( ) módulos como assentos ( ) cinzeiros ( ) módulos para apoio
( ) toalhas/forrações ( ) mastro ( ) cadeiras
( ) porta-bandeira ( ) estrado ( ) ponteira
( ) tablado
( ) outro(s):

18. Instalações necessárias ao evento
( ) palco ( ) microfones ( ) luz/iluminação
( ) impressora ( ) fax ( ) computadores com acesso à internet
( ) copiadora ( ) telefones
( ) ramais ( ) impressora de etiquetas ( ) ar-condicionado
( ) geladeira ( ) fogão ( ) micro-ondas
( ) outro(s):

18.1. Música
( ) música ambiente ( ) orquestra ( ) banda
( ) grupo de dança ( ) cantores ( ) coral

( ) show ( ) balé ( ) pista de dança
( ) outro(s):

18.2. Estandes
( ) demonstração ( ) pôsteres ( ) mesas
( ) bar ( ) sala ( ) módulos
( ) geladeira ( ) recursos audiovisuais ( ) depósito
( ) display ( ) especificações dos produtos ( ) iluminação
( ) prateleiras ( ) taxas ( ) água
( ) telefone
( ) outro(s):

19. Divulgação
19.1. Como será feita a divulgação?

19.2. Quais serão os veículos de comunicação utilizados?

19.3. Existe logotipo do evento?
( ) Sim ( ) Não
Caso a resposta seja negativa, será necessário criar um.

19.4. Criar material de divulgação de acordo com o tema e utilizar o logotipo e cores especiais.

20. Cobertura fotográfica
( ) preto e branco ( ) cor ( ) slides
( ) prova de contato ( ) cópias ( ) álbum
Data: Período: das _____ às _____.

21. Equipamentos
21.1. Que equipamentos audiovisuais e administrativos serão utilizados?

22. Material administrativo
22.1. Que material administrativo será utilizado? Qual será o material do participante?

23. Material de apoio
23.1. Convites (coloque data/horário, traje, "RSVP", "intransferível", "apresentação indispensável" etc.)

23.2. Outros materiais

( ) bloco
( ) cartão de boas-vindas
( ) cartões de visita
( ) folheto/boletim
( ) mala direta
( ) mapa do local
( ) programa
( ) regulamento
( ) revistas
( ) fôlder
( ) tíquete de bagagem
( ) outro(s):

( ) apostila
( ) livro de presença
( ) carta-convite
( ) diploma
( ) envelope
( ) crachá
( ) certificado
( ) material de secretaria
( ) cardápio
( ) tíquete de almoço
( ) caneta/lápis

( ) calendário
( ) crachá de mesa
( ) etiqueta/protocolo
( ) *press kit*
( ) etiqueta
( ) porta-crachá
( ) pasta
( ) jornais
( ) cartazete
( ) tíquete estacionamento

24. Material para programação visual

( ) adesivos para carro
( ) balões de gás
( ) bandeirolas
( ) braçadeiras
( ) corda divisória
( ) flores/arranjos
( ) infláveis
( ) outro(s):

( ) painéis fotográficos
( ) placas indicativas
( ) placas sinalizadoras
( ) placas comemorativas
( ) quadro de avisos
( ) painel decorativo

( ) faixas
( ) sacolas
( ) fita de inauguração
( ) cortina para placas
( ) painel para *clipping*
( ) estandartes

25. Brindes

( ) sacolas
( ) isqueiros
( ) pastas
( ) camisetas
Quantidade:
Sugestões:

( ) canetas
( ) chaveiros
( ) blocos de papel
( ) embalagens

26. Serviços de apoio e material audiovisual

26.1. Serviços

( ) confecção de adesivos para carro
( ) bufê para jantar e/ou almoço, coquetel, *coffee break* e outros

( ) tradução simultânea
( ) decoração
( ) filmagem
( ) outro(s):

( ) confecção de placa comemorativa
( ) sonorização
( ) fotografia

26.2. Material audiovisual
( ) retroprojetor
( ) *flip chart* (papelógrafo)
( ) álbum seriado
( ) telão
( ) videocassete
( ) aparelhos para DVDs
( ) fitas ou CDs
( ) outro(s):

( ) datashow
( ) telas de projeção
( ) fitas de vídeo ou DVDs
( ) quadro magnético
( ) monitores
( ) som ambiente
( ) computadores

Hinos:
microfone(s)

( ) de lapela
( ) de mesa
( ) sem fio
( ) direcional

operadores de:

( ) som
( ) vídeo
( ) projetor

voltagem:

( ) 110 V
( ) 220 V

27. Recursos humanos

27.1. Quantidade:

27.2. Com que qualificação?

27.3. Serviços a ser contratados:
( ) agência de propaganda
( ) assessoria de imprensa
( ) assistência médico-hospitalar
( ) seguros
( ) outro(s):

( ) serviços gráficos
( ) agência de viagem e turismo
( ) transportadora rodoviária para traslados

27.4. Categorias de recursos humanos necessários

( ) manobrista
( ) recepcionista
( ) técnico em informática
( ) encanador
( ) médico
( ) policial
( ) carregador
( ) outro(s):

( ) pessoal para *follow-up*
( ) segurança
( ) digitador
( ) maître/garçom
( ) office boy
( ) padre
( ) professor

( ) faxineiro
( ) copeiro
( ) eletricista
( ) enfermeiro
( ) motorista
( ) rabino
( ) pastor

28. Análise situacional

29. Informações adicionais

30. Estudo da viabilidade econômica (previsão de receitas/despesas)
30.1. Como será feita a captação de recursos?

31. Cronograma geral

32. Aprovação
Responsáveis:

12 Modelo de projeto de evento

A fim de facilitar a elaboração de um projeto de evento, aqui é apresentado uma sugestão que pode ser adaptado para cada tipo de evento escolhido.

1. Equipe/comissão organizadora

2. Nome do evento

3. Tipologia do evento (conceituar)

4. Tema do evento
Deve-se partir de um tema central, seguindo uma linha mestra com base na qual serão definidos os demais assuntos a serem abordados. O temário deve ser claro, atual e de grande interesse para o público-alvo, pois será decisivo para estimular a adesão ao evento.

5. Objetivos
- Geral: o que se pretende alcançar.
- Específicos: os objetivos que farão que se consiga atingir o objetivo geral.

6. Justificativa
Neste item devem-se apresentar a identificação e as credenciais do promotor do evento (e do responsável pelo pré-projeto/projeto), além de detalhar os motivos que justificam a realização do evento.

7. Público-alvo e número previsto de participantes
- Perfil do público-alvo (sexo, faixa etária, escolaridade, nível socioeconômico, grau hierárquico).
- Número estimado de participantes.
- Qual é a origem geográfica dos participantes?

8. Local do evento (deve refletir a imagem do evento e da organização)
- Infraestrutura de apoio administrativo (salas extras, boa sinalização).
- Serviços de apoio logístico (equipamentos e materiais diversos).
- Apoio externo: segurança, facilidade de acesso, de estacionamento, de transporte, de alimentação, conforto dos participantes.
- Custos: disponibilidade financeira, estudo comparativo.

9. Período de realização do evento e horários

10. Taxa de inscrição e/ou ingresso (se for o caso)

11. Programação e formato ("fluxo geral do evento")
A programação é a sequência organizada das diferentes atividades que acontecerão no evento, ou seja, é o fluxo das diversas atividades, demonstrado por meio de temário, data e horário de realização de tais atividades. A programação é definida para facilitar a compreensão do temário escolhido e indicar o formato e o tipo de evento necessário para cumprir a programação esperada.

12. Cerimonial e protocolo

13. Recursos necessários
- Recursos humanos: todo o pessoal envolvido (contratados, temporários e terceirizados).
- Recursos materiais (administrativos).
- Diversos.

14. Contratação de terceiros: qualidade e idoneidade dos serviços

15. Infraestrutura interna e externa

16. Tributos, impostos e taxas

17. Mecanismos de divulgação: meios de comunicação, material promocional, programação visual

18. Promoções e atrações: criação de eventos paralelos

19. Relação das atividades a serem desenvolvidas
- Comissões: atividades e responsabilidades.
- Atividades em geral: antes e depois do evento, e durante.

20. Previsão orçamentária
- Receitas: de onde virão?
- Despesas: quais serão?

21. Instrumentos de controle e avaliação
- Cronogramas para cada estágio
- *Check-list*
- Instrumentos de avaliação para todas as fases

22. Considerações gerais

13 Relatório de evento

O relatório final do evento deve ser apresentado ao contratante, imediatamente após o término do evento. Vale ressaltar que a qualidade do relatório final contribui fundamentalmente para fortalecer a imagem do profissional organizador do mesmo. É por meio desse documento que o promotor, ou contratante, pode analisar todo o processo de trabalho e avaliar os resultados alcançados. Por essa razão, além de uma apresentação gráfica de alto nível, o relatório deve fornecer uma minuciosa descrição das ações realizadas e conter ilustrações (gráficos, tabelas, tabulações, etc.) de todos os dados colhidos ao longo do evento que, de acordo com a oportunidade, podem ser divulgados. Para facilitar a elaboração do relatório final, a seguir uma sugestão:

Dados de identificação
Nome do evento:
Data/período:
Horário:
Local:
Público(s) de interesse:
Apoio:
Coordenador(es):

1. Objetivo do evento

2. Desenvolvimento
2.1. Público previsto/atingido
2.2. Comissões nomeadas
- quadro de distribuição de responsabilidades/tarefas
- relatório individual, feito pelos participantes de cada comissão, das atividades realizadas

2.3. Atividades desenvolvidas antes do evento, durante e após
2.4. Divulgação
2.5. Veículos que divulgaram o evento
2.6. Cronograma(s) de trabalho
2.7. *Check-list*(s)
2.8. Avaliação
- descrição da avaliação
- tabulação e análise da avaliação
2.9. Análise financeira do evento (custo real do evento)
- receitas
- despesas
- resultados

3. Conclusão
3.1. Fatores positivos levantados (pontos fortes)
3.2. Fatores negativos levantados (pontos fracos)
3.3. Principais dificuldades levantadas
3.4. Sugestões para o próximo evento
3.5. Resultados obtidos

4. Anexos e apêndices

Os anexos e apêndices facilitam a compreensão do Plano e a organização das atividades realizadas. Devem ser numerados e a numeração obedecendo à seqüência de apresentação no texto.

- Cronogramas.
- Croquis (salão, área de exposição, estacionamento etc.).
- Instruções diversas (recepcionistas, seguranças etc.).
- Lista de imprensa.
- Modelos de crachá e de faixa de rua.
- Material de divulgação (anexar modelos).
- Modelos de correspondências enviadas e recebidas.
- Organogramas.
- Programação.
- Quadro de distribuição de tarefas.
- Recursos disponíveis.
- Relações diversas (de autoridades, convidados etc.).
- Dados de cerimonial, como currículo dos ministrantes etc.

parte III Roteiro para programas de visitas

14 Apresentação

As informações apresentadas nesta parte do livro constituem uma orientação básica, não tendo valor absoluto. Alguns itens poderão eventualmente ser eliminados e outros incluídos a cada caso, porém é imperativo obedecer à sequência lógica do que se pretende estabelecer. A elaboração do roteiro é indispensável para que sejam definidas as responsabilidades pela execução de atividades que, em última instância, refletem o conceito interno e externo da organização.

Cabe salientar que o roteiro deve atender à dinâmica dos ensinamentos que cada evento proporciona e, em consequência, sofrer alterações baseadas nas experiências adquiridas em cada visita.

Para facilitar a exemplificação, usou-se uma empresa fictícia de grande porte, autossuficiente quanto a serviços complementares, características que normalmente não se aplica à na maioria das empresas – nas quais soluções alternativas devem ser encontradas. Para tanto, são apresentados itens alternativos no roteiro, buscando soluções para casos específicos e adequando-os a uma realidade de empresa de médio porte.

O roteiro foi basicamente estruturado para a organização de visitas dirigidas de grupos homogêneos, que podem ser transformadas em acontecimentos especiais. Entretanto, normalmente deverá ser criada uma "rotina de visitas" à empresa. Para esta implantação, os mesmos itens podem ser utilizados de maneira simplificada, procurando-se criar uma estrutura fixa de programação de visitas (num único dia de semana ou do mês, por exemplo).

Em virtude disso, poderá ser criado o "Dia da Comunidade na Empresa", no qual a instituição ficará à disposição dos visitantes sem um roteiro fixo, mas com dados de apoio. Deve-se sempre levar em consideração que os grupos provêm dos mais diversos segmentos socioeconômicos, sendo que a empresa deverá estar preparada.

O programa de visita, ao ser distribuído aos visitantes, deverá contar com numeração própria. Para casos em que seja essencial demonstrar organização, o documento poderá ser distribuído por inteiro. Poderão ser acrescidos aos programas dos visitantes: croquis do local, posição geográfica e folhas em branco para anotações. Se possível, o programa deverá ser reproduzido em menor dimensão ganhar capa dura, criada especificamente para esse tipo de evento.

É preciso padronizar os itens quanto à sua apresentação e numeração, a qual deverá ser usada para evitar confusões de interpretação, impedindo que, no mesmo documento, locais ou pessoas sejam designados ora de uma forma, ora de outra.

Passa-se, agora, a examinar um exemplo de roteiro de visita, o qual apresenta-se cada tópico e em seguida um modelo. Destaca-se também que após o detalhamento, é apresentado nos itens 16-19, documentos que facilitam o seu planejamento e execução.

15 Instruções para visitas: detalhamento

CABEÇALHO

É a identificação do documento gerador do projeto; apresenta os dados de origem do documento e deverá ser constituído pelo nome da empresa, dos membros da diretoria, dos departamentos, setores, seções etc. Pode apresentar codificação para posterior recuperação do documento, pelo emprego de palavras ou expressões-chave ou codificação numérica para computador.

> **EMPRESA BRASILEIRA DE ARTEFATOS GERAIS - Embag** (*nome fictício*)

VISITANTES

Indicam-se a entidade, a instituição ou as pessoas que solicitaram a visita. Esse é o primeiro ponto a ser considerado quando da elaboração do roteiro, pois tudo mais dependerá dos visitantes. Normalmente, surgem problemas em visitas solicitadas, pois em geral o pedido não traz de imediato a relação de participantes. Não se podem esquecer os convites, que devem ser simples e bastante claros, para evitar confusões ou equívocos. Tais convites podem ser pessoais; ocorrer por meio de cartões ou cartas impressas; ocorrer pela publicação em jornais, no caso de convite à comunidade; ser direcionados à lista de endereços de empregados, familiares e amigos dos empregados, quando de âmbito interno. Uma lista prévia deverá ser elaborada e submetida à diretoria para aprovação. Em seguida, deve-se preparar os convites, endereçando-os e solicitando confirmação. Após a confirmação, procede-se ao envio do material necessário ao visitante (se for o caso), como: crachás de identificação, cartões de embarque, programa de visita, folhetos e outros materiais de divulgação. Entre 24 e 48 horas antes do evento, confirmam-se todas as presenças. Em eventos com a participação de autoridades federais, normalmente faz-se um contato prévio com o serviço de segurança próprio, o qual solicita os nomes, número do RG e filiação de todos os que estarão envolvidos no evento. Essas providências demandam muito tempo e acarretam ações minuciosas de segurança velada ou ostensiva.

Superintendência (*se for o caso*)
Gerência de comunicação (*se for o caso*)
Departamento de relações públicas (*se for o caso*)

Instrução para visita n. _____ / 20___
Numeração própria de cada uma das visitas a serem realizadas

Senadores da Comissão Especial para as Indústrias Brasileiras

DATA

Escolher a melhor data. Para casos de "Rotina de Visita" ou para "Acontecimentos Especiais", escolher a data mais favorável do ponto de vista da produção ou manutenção. Evitar que coincida com outro acontecimento na comunidade; dar tempo suficiente às preparações e divulgação e considerar as condições atmosféricas. Entretanto, na maioria das vezes, a solicitação de visita já traz uma data pré-estabelecida, sujeita à confirmação. Nas inaugurações, as datas são previamente definidas pela direção da empresa e as autoridades eventualmente convidadas. Porém, isto não impedirá que o profissional de Relações Públicas mostre os inconvenientes, se houver. Por exemplo: evitar a escolha de feriados.

É fundamental prever alternativas para casos de mau tempo.

___ de _____ de 20___.

LOCAL

O local em que serão desenvolvidas as visitas é fundamental para o sucesso do empreendimento. O lançamento de bens tecnológicos exige ambiente refinado, sofisticado, moderno, com facilidade de acesso e estacionamento. Já o anúncio de uma descoberta científica exige instalações específicas, como o anfiteatro de uma instituição de pesquisa. Em uma visita dirigida, escolhem-se estruturas físicas de uma organização que as pessoas não conheçam ou não esperem encontrar. Por exemplo: ao visitar uma escola, ver salas de aula com carteiras e mesa do professor é esperado, mas uma horta configura surpresa; numa instalação fabril, máquinas e equipamentos tradicionais podem não despertar a atenção, porém um laboratório de controle de qualidade ou uma estação de tratamento de água serão notados. Após a definição do local, seu leiaute deverá ser preparado, a fim de tirar melhor proveito das instalações internas e externas.

> **Complexo industrial de _____ e obras para a ampliação de _____.**

Vejamos agora, em detalhe, que elementos devem constar das instruções referentes às de visitas.

Finalidade

Define o motivo para a elaboração do documento norteador da programação. Esse item deve abarcar as áreas internas e – eventualmente – externas da empresa, que devem tomar conhecimento da visita. Os órgãos envolvidos poderão receber a instrução por inteiro ou um documento com a especificação completa das suas atribuições.

> Este documento visa informar os órgãos envolvidos no evento e regular a execução da visita dos senadores da Comissão Especial para as Indústrias Brasileiras ao Complexo Industrial de Iguaçu e às obras para a ampliação de Iguaçu-mirim.

Referências

Item que define a anuência da administração da empresa ou organização à realização de uma programação solicitada ou projetada, apontando quem a aprovou ou determinou sua execução e quais são as providências iniciais necessárias à concretização do evento ou programação. Recomenda-se a utilização de um tráfego de solicitação de visitas (ver exemplo), para que os preparativos sejam mais bem acompanhados.

> A visita foi autorizada pela Presidência e atende a solicitação do Senado Federal, constante do ofício n. ____, de _____.

Informações básicas

Neste ponto, esclarecem-se a natureza e objetivos da visita e o que representam os visitantes. Também se definem os objetivos que a empresa pretende alcançar com isso e explica-se sinteticamente quem são os visitantes e o que esperam do evento. Procure confeccionar um programa que vise aos objetivos tanto da empresa anfitriã como da empresa dos visitantes (os quais podem ser empregados, com sua família e amigos; aposentados; acionistas; líderes comerciais; empresários; diretores de associações e sindicatos; grupos de estudantes; membros do clero, da imprensa; comunidade ou público geral).

> a) O grupo de visitantes é composto de senadores de vários partidos que estudam os problemas das indústrias brasileiras.
> b) O aspecto principal de interesse na presente visita é conhecer a organização, a administração e o funcionamento de um complexo industrial, a fim de avaliar os problemas técnicos nele presentes e, também, a sua importância no panorama do desenvolvimento nacional.
> c) A Embag pretende divulgar suas realizações no campo da industrialização de matérias-primas nacionais, sendo transformadas em artefatos de uso geral, bem como suas novas perspectivas industriais.

Desenvolvimento

Trata-se do desenrolar de toda a programação a ser executada. Deve ser do interesse dos funcionários da empresa envolvida na visita tanto quanto dos visitantes, que devem receber o programa para seu prévio conhecimento. Também pode ocorrer a entrega de material informativo, ou mesmo a exibição de material audiovisual, que os prepare para a visita.

Roteiro de visita

É o programa detalhado. Deve seguir princípios básicos de racionalização. Nele são discriminados todos os detalhes da execução da visita, como os locais envolvidos, horários, duração de cada etapa etc.

Para preparar esse item, os intervalos de tempo devem ser estabelecidos com certa margem de erro, que leve em consideração percursos a pé, embarque e desembarque, número pequeno ou grande de visitantes etc.

Apesar de precisar manter-se atento a todos os detalhes, o profissional deve garantir que o programa seja flexível. No decorrer das visitas, ocorrem situações que exigem bom-senso; assim, o coordenador do evento deve ser maleável e ter autoridade para tomar resoluções, assumindo, consequentemente, a responsabilidade pelas decisões tomadas.

Outros aspectos devem ser observados rigorosamente, sendo recomendáveis as seguintes medidas: escolher o melhor itinerário do ponto de vista da compreensão, interesse, segurança e trânsito dos visitantes; programar atividades de lazer; não agendar reuniões ou palestras para logo após as refeições; verificar sempre a possibilidade de programas alternativos em caso de chuva, da utilização de guarda-sóis e toldos e, ainda, do uso de cordões e cavaletes de isolamento que facilitem o cumprimento de roteiros sem guias (ou para evitar locais perigosos).

Os programas paralelos para acompanhantes devem prever a indicação de um responsável pela coordenação das atividades em questão. Não se esqueça de levar em consideração os itens de identificação do acompanhante, seu idioma, bem como seu nível sociocultural. É comum que alguns não integrantes do grupo de visitantes apareçam no local da visita. Para eles, pode-se elaborar um roteiro específico, caso não tenham interesse no assunto abordado. Nesse caso, um passeio turístico poderia ser de grande valia.

Detalhar tudo o que for possível, por exemplo: guarda-sóis para casos de mau tempo, entre outros. Lembre-se, o programa é para os visitantes, não para o seu prazer, programe então, coisas agradáveis de serem vistas e não muito conhecidas do grande público. Preparar, se for o caso, material visual que auxilie na determinação do melhor roteiro.

Dia:

10h30	Chegada a _____, Aeroporto _____
	Apresentação
10h45	Deslocamento para _____
11h15	Chegada a _____
	Início da visita
11h45	Término da visita e deslocamento para o Hotel _____
12h05	Chegada ao Hotel _____
12h20	Almoço no Restaurante _____
13h40	Término do almoço e deslocamento para o Aeroporto _____
13h50	Decolagem da aeronave com destino a _____
14h10	Chegada a _____, Aeroporto _____
	Apresentação
14h20	Deslocamento para o Auditório _____
14h30	Chegada ao auditório
14h40	Início da apresentação audiovisual sobre _____
15h05	Término da apresentação e deslocamento para _____
15h20	Chegada a _____
	Início da visita
16h35	Término da visita e deslocamento para _____
16h45	Chegada a _____
	Início da visita
17h15	Término da visita e deslocamento para _____
17h20	Chegada a _____
	Início da visita
18h05	Término da visita e deslocamento para _____
18h15	Chegada a _____
	Instalação
19h30	Aperitivos
20h10	Jantar

Dia:	
7h15	Café da manhã em _____
8h05	Plantio de árvores (*por exemplo*)
8h20	Deslocamento para o Aeroporto _____
8h30	Chegada ao Aeroporto
	Despedida
8h35	Decolagem com destino a _____
8h55	Chegada a _____, Aeroporto _____
9h05	Deslocamento para o Auditório _____
9h20	Chegada ao auditório
	Serviço de água e café
9h30	Explanação sobre _____
11h15	Visita a _____
11h30	Deslocamento a pé para _____
11h40	Término da visita e deslocamento para _____
11h50	Chegada a _____
12h30	Almoço
14h05	Término do almoço e deslocamento para o Aeroporto _____
14h10	Chegada ao aeroporto
	Despedida
14h20	Decolagem da aeronave
	Fim da visita

Programação para acompanhantes (opcional)

Conjunto de atividades sociais, culturais, de lazer e turísticas preparadas especialmente para as pessoas que não fazem parte do grupo de uma visita dirigida ou reunião. Complementa os outros programas nos quais os acompanhantes tomam parte. Deve-se preparar um roteiro diário e específico, bem como providenciar guias que executem a função a contento, considerando-se sua identificação com os acompanhantes, o(s) idioma(s) que falam e seu nível cultural e social.

Hospedagem

Nesta etapa estabelecem-se todas as providências necessárias para a acomodação e os pernoites de participantes de uma programação ou evento. Utilizam-se para esse fim empresas hoteleiras, alojamentos próprios ou de terceiros, pensões, pensionatos e acampamentos.

O fator hospedagem é fundamental para o êxito do evento e depende intrinsecamente de um esforço de planejamento. Escolha lugares próximos do local do evento e com várias opções de preço.

É recomendável manter um cadastro de pensões e pensionatos nas proximidades que forneçam refeições e contem com vagas em épocas especiais do ano (férias escolares, vestibular na localidade, festas religiosas etc.).

Além disso, deve-se informar, por meio de material promocional, os participantes potenciais sobre o preço de diárias, bem como as características principais dos locais; também, deve-se orientar o participante quanto ao procedimento para fazer a reserva e o prazo mínimo para tomar medidas em caso de desistência.

Efetue, antecipadamente, o bloqueio de algumas unidades. Deve ser estipulada uma data máxima para a confirmação dos participantes. Se necessário, ajude-os a fazerem as reservas – seja individualmente, seja com a participação de agências de turismo indicadas pela organização do evento.

Mantenha contato com os responsáveis pelos alojamentos para reservar acomodações àqueles que já confirmaram presença, e, durante o evento, verifique as condições de uso dos quartos, zelando pelas roupas de cama, instalações sanitárias, café da manhã e segurança.

Homenagens

São prestadas, geralmente, à mais alta autoridade do grupo – por meio da entrega de troféus, medalhas e diplomas ou por intermédio de placas comemorativas.

O responsável pelo evento determina quem fará a homenagem e quando, especificando sua duração prevista. Havendo necessidade, deverão ser observados os aspectos cerimoniais. A homenagem só deverá ser colocada no programa se for um ato significativo. Em caso de entrega de brindes, poderá ser realizada em outro horário.

Homenagem festiva

Caso a homenagem seja festiva, defina que tipo de condecoração ocorrerá (entrega de placa, medalhas), quem a realizará e quando, especificando a duração prevista para o discurso (cinco minutos) e as palavras de agradecimento do homenageado (três minutos). O cerimonial, se houver, deverá ter suas etapas anotadas. Outras providências poderão ser tomadas, como instalação de equipamento de som, gravação etc., indicando-se os responsáveis pela execução de cada tarefa.

> - O presidente da Embag homenageará os visitantes com a entrega de uma placa ao chefe da comitiva.
> - O pessoal de relações públicas entregará medalhas aos demais visitantes.
> - A cerimônia ocorrerá ao término do almoço do dia __/__ e será anunciada pelo coordenador da visita.

Homenagem póstuma

O "minuto de silêncio" é um item constante em diversos tipos de eventos. Nos encontros esportivos, é um hábito. Trata-se de uma homenagem àqueles que gostaríamos que ainda estivessem conosco; manifestam-se a solidariedade e a consternação pela sua ausência. Pode-se também prestar tal homenagem caso haja um fato fúnebre na comunidade, ligado direta ou indiretamente aos objetivos do evento. *Minuto de silêncio jamais deve ser aplaudido.* Sugere-se um texto para essas ocasiões.

> Não se encontram entre os presentes _____ e _____, que prematuramente, foram tirados do convívio de seus familiares, colegas e amigos. Esta homenagem póstuma marca a lembrança que a _____ (*empresa, por exemplo*) guarda dos que não mais se encontram em nosso meio. Será executado (*tocado*) o toque de silêncio, por _____. Solicitamos a todos os presentes que se coloquem em pé.

Trajes e condições meteorológicas

Fixe o traje para os visitantes e funcionários que participarão do evento. Isso requer prévio entendimento entre a empresa e a entidade interessada na visita. Leve em consideração o clima predominante no local a ser visitado. Avalie a necessidade de uso de vestes especiais e de equipamentos de segurança, como óculos, luvas e sapatos especiais. Baseie-se em dados comprovados, e não em hipóteses.

- O traje recomendado para essas atividades é o esporte.
- A temperatura da região, nesta época do ano, é bastante elevada, mas pode esfriar à noite.

Identificação

É preciso discriminar os tipos de identificação que serão utilizados pelos participantes da visita, bem como as providências para sua confecção, os modelos etc. Procure simplificar o trabalho e adquirir plásticos para os crachás, caso não sejam utilizados crachás adesivos. O uso da identificação visa facilitar os contatos pessoais, além de facilitar o reconhecimento, pelos visitantes, do pessoal de apoio ou dos intérpretes que venham a tomar parte no evento. Uniformes ou roupas semelhantes são úteis para essa identificação.

- Visitantes: poderão ser identificados por ocasião do embarque ou do desembarque para a visita por meio de crachás, adesivos etc., de acordo com o modelo previsto. Quando os visitantes forem de origem estrangeira, sempre que possível a identificação deverá trazer a bandeira de sua nação para facilitar os contatos. Atenção: nunca identifique pessoas ou autoridades notórias.
- Pessoal da empresa: deve ser identificado com distintivos, conforme os modelos determinados. Sempre que possível, os materiais para identificação devem constar do corpo das instruções, evitando-se os anexos. Preveja identificações distintas para diretores, assessores, pessoal técnico, pessoal de segurança, motoristas, convidados especiais, integrantes da comitiva etc.

Distribuição de pessoal nos veículos

Especifique a distribuição completa nos veículos de todos os envolvidos na visita, tanto visitantes como funcionários. A regra básica é o emprego da ordem geral de precedência, considerando os seus vários aspectos e usando o bom-senso para lidar com situações não previstas ou delicadas.

Devem-se distribuir as pessoas nos veículos de forma que sejam transportadas primeiramente, as mais altas autoridades. Para o transporte dos outros convidados, segundo a ordem decrescente de precedência. Organize os veículos no comboio também segundo a ordem de precedência, numerando-os para facilitar a identificação por parte do participante ou visitante; esses números poderão ser previamente informados aos convidados. Avalie a necessidade de veículos de segurança, tanto no início quanto no final do comboio, e considere, se for o caso, a hipótese de contar com veículos de reserva, que também acompanharão o comboio.

Quando várias atividades devem ser desenvolvidas e não há condições de orientar individualmente todos os visitantes, pode-se utilizar um cartão como o aqui exemplificado.

Ao sr. _____

EVENTO

1. Transporte terrestre – veículo n. _____
2. Hotel _____ apto. _____
3. Refeições _____
4. Transporte aéreo

_____ (*local 1*) para _____ (*local 2*)
Às ____ (*horas*) do dia ___/___/20___, aeronave com prefixo n. ____

_____ (*local 2*) para _____ (*local 3*)
Às ____ (*horas*) do dia ___/___/20___, aeronave com prefixo n. ____

_____ (*local 3*) para _____ (*local 1*)
Às ____ (*horas*) do dia ___/___/20___, aeronave com prefixo n. ____

A Coordenação

Critérios de distribuição

Esclareça à equipe como será feita a distribuição dos visitantes e com que objetivo, o qual poderá ser ditado pelo idioma, nível cultural, sexo, idade etc. Quando em um mesmo ônibus houver falantes de línguas distintas, será muito útil contar com um guia bilíngue.

Veículos

Os veículos também deverão ser organizados por ordem de precedência. Assim, o primeiro veículo transportará as mais altas autoridades, e os demais transportarão os convidados em ordem decrescente de precedência.

Visitantes e funcionários da empresa serão distribuídos pelos veículos destinados ao transporte, conforme discriminado:

Veículo n. 1 com rádio – Segurança

Veículo n. 2
Em _____ (*local 1*)
Sr. _____ – Chefe da comitiva
Sr. _____ – Coordenador do grupo de senadores
Engº _____ – Engenheiro residente
Sr. _____ – Coordenador da visita – Embag

Em _____ (*local 2*)
Sr. _____ – Chefe da comitiva
Sr. _____ – Coordenador do grupo de senadores
Engº _____ – Engenheiro residente
Sr. _____ – Coordenador da visita – Embag

Em _____ (*local 3*)
Sr. _____ – Chefe da comitiva
Engº _____ – Engenheiro residente

---

continua ▶

```
Veículo n. 3 - Ônibus
Visitantes
Sr. _____
Sr. _____
Sr. _____
Embag
Sr. _____
Sr. _____
Sr. _____
Veículo n. 4
Reserva
Veículo n. 5 com rádio
Segurança
Médico
```

Intérpretes

Se for o caso, defina quem serão os intérpretes – próprios ou contratados – e suas tarefas. Se a empresa não dispuser desses profissionais, contrate-os, mediante orçamentos diversos e análise da capacidade profissional.

Recomendações de conduta

Destinam-se a informar os participantes do evento sobre as medidas de ordem geral a serem observadas durante a visita, como, por exemplo, a distribuição de capacetes de segurança, como estabelecimento dos locais de entrega e de devolução.

As recomendações que dizem respeito aos visitantes devem constar do programa que lhes será distribuído, para que tomem conhecimento de suas responsabilidades. Redija-as da forma mais simples possível.

- Visitantes: sugira a divisão em grupos para melhor acompanhamentos das informações técnicas; identifique cada um dos acompanhantes dos grupos, certificando-se de que visitantes e acompanhantes fiquem juntos; alerte-os sobre cuidados com objetos pessoais.

- Veículos: esclareça a questão da responsabilidade pelos objetos pessoais deixados nos veículos (se é da organização ou dos donos) e faça recomendações para o caso de problemas com os veículos.

- Bagagens: quando houver hospedagem, identifique as bagagens com etiquetas que deverão conter (em letra bem legível) o nome da pessoa, procedência, aeronave (ou outro veículo), local de hospedagem, número do apartamento etc. Esses dados podem ser conseguidos previamente, e o programador deve se encarregar de sua obtenção. Nesse caso, etiquetas adesivas são ideais.

- Apartamentos: prepare previamente etiquetas de identificação para os apartamentos, com os nomes das pessoas que ocuparão cada aposento. Em caso de utilização de hotel, escolhido primeiramente em razão de preço, localização, conforto e serviços prestados, deixar na portaria a relação nominal dos visitantes e se possível, fichas previamente preenchidas. No caso de caravanas de visitantes, providencie salas de descanso, limpas e facilmente distinguíveis ou distribua cadeiras e bancos ao longo do caminho.

- Transporte: caso a empresa não possua transporte próprio, indique linhas de ônibus ou custos previstos para a utilização de táxis. No caso de caravanas, providencie placas indicativas para as estradas ou vias de acesso. Esse item é muito importante: determinadas pessoas têm dificuldade de pedir informações.

Recomendações de conduta para os visitantes

- Para facilitar a visita aos complexos, laboratórios e centros de treinamento, os visitantes serão divididos em dois grupos, conforme critério estabelecidos por eles.
- Os visitantes deverão permanecer junto dos responsáveis pelos grupos.

Recomendações de conduta para o uso de veículos

- A Embag não se responsabilizará por objetos de uso pessoal deixados nos veículos.
- Os visitantes deverão aguardar instruções em caso de problemas nos veículos.

Recomendações de conduta para o manejo da bagagem

- As bagagens dos visitantes deverão portar etiquetas de identificação, para evitar extravios.

- Na chegada a _____ (*local 1*) e _____ (*local 2*), os visitantes deverão retirar da aeronave somente as bagagens de mão, pois a demais serão retiradas quando da chegada a (*local 3*), pelo pessoal de apoio da Embag, e transportadas em seguida para _____.
- A bagagem estará à disposição dos visitantes nos apartamentos previamente designados.
- No dia ___/___, antes de se dirigirem para o café da manhã, os visitantes deverão estar com as bagagens prontas e deixá-las à porta dos apartamentos, de onde serão transportadas para a aeronave, sob a supervisão do pessoal de apoio da Embag.

Condições de execução

Este item objetiva estabelecer todos os detalhes envolvidos na preparação da visita, buscando meios que garantam a sua execução e formas para antecipar as providências necessárias à correção de aspectos críticos. Em certos casos, deve-se realizar uma visita prévia, chamada de "precursora".

Preparativos iniciais

A visita precursora é uma simulação completa de uma visita dirigida, com uma pequena parte dos futuros visitantes cumprindo o roteiro com a maior fidelidade possível com a programação vindoura. Tem por finalidade testar todos os aspectos de interesse e avaliar a objetividade do programa. Esse tipo de visita é empregado quando o evento principal exige providências complexas ou o grupo interessado pretende obter conhecimentos perfeitamente determinados. É muito comum quando há previsão de presença de altas autoridades.

Crie um programa específico para a realização dessa modalidade de visita – um roteiro completo que sofrerá, posteriormente, as modificações julgadas relevantes pelo grupo precursor. Este é constituído, normalmente, pelo encarregado do transporte dos visitantes, componentes do cerimonial, imprensa, médicos e, principalmente, por seguranças, sendo acompanhado pelo programador e coordenador de visitas da organização visitada, se for o caso.

Reconhecimento

É preciso estabelecer datas e prazos para o reconhecimento, que pode contar com as seguintes atividades: limpeza completa dos locais de visita (setor de produção, escritórios, refeitórios, instalações sanitárias); colocação de cartazes sobre segurança em todos os dispositivos; desligamento todos os equipamentos que possam oferecer perigo; indicação de elementos de segurança em todos os locais; fixação de tabuletas proibindo o fumo; treinamento de telefonistas para que possam dominar todas as informações sobre os visitantes ou a caravana; assistência policial (em alguns casos, com a colaboração da polícia rodoviária, já informada sobre o evento); garantia de existência de meios para resgatar os convidados em caso de acidentes; estabelecimento do sistema de alto-falantes; instalação de mesas de informações; assistência para crianças e exposições de produtos.

Esse reconhecimento será facilitado pela utilização de uma *check-list*:

O reconhecimento dos locais a serem visitados estará a cargo do sr. _____, que, junto com os responsáveis pelas áreas, fará o levantamento das providências necessárias nos dias _____ e _____.

Deslocamento para _____
Data: ___ / ___ / _____ Horário: _____
Transporte: aéreo, conforme requisição n. _____
Horário previsto de chegada: _____
Hospedagem
Hotel _____, dia ___ / ___ / _____
Hotel _____, dia ___ / ___ / _____
Retorno para _____ (mesmos itens de "Deslocamento")

Treinamento

Se houver necessidade de treinar o pessoal que trabalhará durante a visita, o programa será fixado nesta etapa. O programa de treinamento deverá conter a apresentação da empresa, regras de conduta, dados sobre trajes e todas as informações referentes ao evento. Você pode treinar o pessoal no local do evento e, se necessário, "sabatinar" demoradamente todos os membros, principalmente se forem estranhos à empresa.

Reunião final

Neste ponto são fixados data, local e hora da reunião final do coordenador da visita com os responsáveis por sua execução para acerto dos detalhes, sempre com um mínimo de 24 horas de antecedência. Nessa ocasião, confere-se a lista de providências e são feitos os últimos ajustes – e ainda há tempo para solucionar eventuais dificuldades.

A reunião final serve também para avaliar as programações de treinamento, principalmente das pessoas estranhas à empresa ou ao grupo organizador: prevê a apresentação completa do que será o evento, da sua relevância para a organização, das regras de conduta, dos trajes previstos e outras informações referentes ao evento, além da checagem das instruções recebidas e percurso de todos os locais envolvidos, ou ainda, treinamento nos lugares onde serão realizadas as atividades.

É a última oportunidade de revisar o que foi projetado e verificar se está tudo preparado para o evento ou programação.

> Será realizada no dia _____, às _____, no _____, a reunião final do coordenador da visita com os responsáveis pela execução do programa para acerto de detalhes.

Recepções

Fixe todos os detalhes para recepção no local da visita, como: hasteamento de bandeiras, passadeiras, comissão de recepção, posição no local, cerimonial a ser observado, conduta do pessoal de Relações Públicas. Indique pessoas que, pelos seus cargos, demonstrem aos visitantes, o mérito da visita.

Para o lado externo, invista em letreiros de boas-vindas, bandeiras decorativas, terrenos ajardinados.

Internamente, providencie quadros e painéis decorativos e arranjos florais que despertem interesse e desviem a atenção de áreas menos agradáveis.

O cerimonial a ser observado nessas recepções deve levar em consideração o local do ato e quem o fará. Speers (1984, p. 365) apresenta alguns critérios para o estabelecimento desse processo:

a) quando for sensível a diferença hierárquica entre anfitrião e visitante, este deve ser aguardado pessoalmente no meio-fio;
b) quando se tratar de pessoa de nível equivalente, pode-se recorrer à recepção em frente à porta do elevador ou na metade do percurso até a sala;
c) quando a superioridade hierárquica do visitante não for muito acentuada, a recepção pode ser feita pessoalmente no saguão do edifício;
d) quando houver inferioridade hierárquica do visitante, porém não muito acentuada, o anfitrião poderá recebê-lo na entrada de sua sala (parte interna);
e) quando a inferioridade hierárquica do visitante for acentuada, o anfitrião poderá recebê-lo à altura de sua mesa de trabalho. Nos demais casos indicados, o visitante deve ser encaminhado a poltronas e sofás de um ambiente de estar.

Segundo os critérios mencionados, considera-se válido que um preposto aguarde o visitante numa posição mais avançada que aquela em que se postará o anfitrião. Mesmo a opção de duas posições adiante poderá ser válida, acentuando a deferência para com um visitante. Evidentemente, quando ao anfitrião couber aguardar no meio-fio, ao preposto caberá acompanhá-lo.

Comissão de recepção

Grupo de pessoas – constituído pelo presidente do evento ou da organização, assessores, diretores, coordenadores de comissões ou de visitas, gerentes, chefes de departamento – indicadas para receber convidados e que possam externar a significância dada aos que aceitaram o convite.

As atividades e providências previstas nesta etapa são: indicar os componentes para as diversas comissões de recepção necessárias; determinar as posições que deverão ocupar; anotar no projeto cada um dos locais em que haverá recepção e quem comporá cada uma das comissões; marcar no solo, nos locais de recepção, as posições a serem ocupadas; preparar, se houver necessidade, o deslocamento da comissão, atividade a ser desenvolvida em conjunto com a direção da empresa promotora; distribuir a programação de deslocamento a todas as pessoas que tomarão parte nas recepções; estabelecer os mecanismos de recepção a serem utilizados pela comissão de recepção e a conduta do pessoal de apoio que acompanhará o ato.

Locais de recepção

Exemplo:
Local 1: Aeroporto

> A diretoria da empresa providenciará a recepção das autoridades e convidados, a partir das _____, do dia ___ / ___ / _____.
> Comissão de recepção
> Sr. _____ - _____
> Sr. _____ - _____
> Sr. _____ - _____

Mecanismo das recepções

No embarque de autoridades em veículos, entra por último a maior autoridade, saindo em primeiro lugar no desembarque. Isso facilita o trabalho de comissões de recepção que não conheçam pessoalmente o convidado de mais alta posição hierarquia.

- Os representantes da Embag que farão parte das comissões de recepção ficarão perfilados na parte interna do pátio de estacionamento de aeronaves, para os cumprimentos protocolares.
- Os senhores _____ e _____ receberão o Chefe da Comitiva e o Coordenador de Visita junto à escada do avião. Simultaneamente, o pessoal de Relações Públicas, encaminhará os demais visitantes para o embarque no comboio.

Deslocamento da comissão de recepção

A comissão de recepção pode ser composta de presidente, assessores, diretores e coordenador da visita. A programação de deslocamento deverá ser estudada detalhadamente junto com a direção da empresa. Os locais deverão ser cuidadosamente preparados, as acomodações reservadas, as passagens confirmadas. Esse estudo detalhado do deslocamento é um ponto-chave no roteiro da visita. Se falhas acontecerem, toda a sequência será comprometida.

> A comissão designada no item anterior deslocar-se-á para o local da visita com 24 horas de antecedência, e retornará de acordo com a programação apresentada:
>
> **a) Partida**
> Data: ___ / ___ / _____
> Local: a ser estabelecido
> Horário: a critério da _____
> Transporte: aeronave n. _____
> Horário previsto de chegada: de acordo com o de partida
> Local de chegada: _____
> Transporte local: dois veículos da _____
> Responsável: _____
>
> **b) Hospedagem**
> _____
>
> Data: ___ / ___ / _____
> Local: _____
>
> Tripulação
> Data: ___ / ___ / _____
> Local: _____
>
> **c) Regresso** (*repetir os mesmos itens constantes em "Partida"*)

Meios de transporte

É preciso especificar todas as informações sobre o transporte dos visitantes, bem como do pessoal que dará apoio à realização do evento. Calcule o número de veículos necessários, procurando colocar no comboio carros que pertençam à empresa. Caso isso não seja possível, alugue carros que se apresentem em perfeitas condições de conservação, limpos e abastecidos. Verifique também as condições dos pneus e a existência de estepe. No caso da utilização de batedores, certifique-se de que estão plenamente informados acerca do roteiro de visitas.

Comboio

Determine a quantidade e os tipos de veículos, designando um responsável por sua preparação e apresentação, bem como pela organização do comboio, envolvendo todos os recursos necessários. Para numerar os veículos, utilize cartazetes bem legíveis e que possam ser vistos de longe. No caso de ônibus, coloque a numeração na frente e atrás. Podem ser utilizadas bandeirolas ou bandeiras de nações, sendo colocadas em hastes presas nos para-lamas dianteiros ou para-choques.

---

a) (*Local 1*)
    4 _____, sendo _ com sistema de rádio
    1 ônibus da Embag

A preparação do comboio ficará a cargo da Diretoria de Engenharia. A organização e numeração do comboio caberá ao Setor de Relações Públicas.
b) _____
c) _____

Veículos de apoio

Relacione todos os veículos ligados a funções de apoio ao evento (transporte da comissão de recepção, equipamentos, bagagens, tripulação etc.), bem como sua origem, atividades, destinos e procedimentos relacionados. As recomendações de conduta, nos seus aspectos gerais, também podem ser aplicadas aos veículos de apoio. Estes não poderão ser incluídos no comboio caso isso não tenha sido previsto, nem utilizar os locais de estacionamento reservados aos veículos do comboio.

---

a) (*Local 1*)
1 _____ destinado ao transporte da tripulação da aeronave, ficando à disposição desta.

b) (*Local 2*)
2 _____ para o transporte das bagagens da aeronave, no dia ___ / ___ / _____, a partir das ___, no Aeroporto _____, em _____. As bagagens serão transportadas para _____. O mesmo procedimento deverá ser observado no dia ___ / ___ / _____, às _____, no transporte das bagagens de _____ para _____.
As bagagens serão acompanhadas por pessoa indicada pelo coordenador do grupo de visitantes.

Recomendações aos motoristas

Estabeleça todas os aspectos a serem observados, como: posição dos veículos no comboio, limites de velocidade, distância entre veículos, providências em caso de pane, adequação da conduta e apresentação dos motoristas, obtenção de socorro mecânico etc. Os motoristas designados para o serviço de transporte de uma programação ou evento cumprem as determinações provenientes desse serviço. Pode ser criado um programa de treinamento especialmente destinado a orientá-los.

Os componentes do comboio deverão obedecer às seguintes determinações:

- não ultrapassar o limite de oitenta quilômetros por hora;
- manter entre si as distâncias mínimas de segurança;
- manter farol baixo aceso durante os deslocamentos;
- manter, enquanto estiverem o estacionados, os motoristas junto à porta do carro ou à entrada no caso de ônibus;
- não conversar com os visitantes se não forem solicitados;
- manter a posição das viaturas nos deslocamentos, de acordo com a sequência já determinada.

Estacionamentos

Esclareça todos os aspectos referentes a ordem, disposição, policiamento e segurança nos estacionamentos (posição das viaturas e motoristas, proibições etc.), designando um funcionário para que seja o responsável pelo controle. Essas informações podem ser complementadas com a orientação por meio de plantas ou croquis, inseridos como adendos às recomendações escritas. Indique locais não muito distantes dos pontos a ser percorridos. Se possível, opte por um lugar que permita aos visitantes uma visão do conjunto do que o roteiro prevê, ou de algum ponto de interesse. Evite estacionamentos com chão de terra ou mal preparados.

- Os veículos ao estacionarem deverão obeder à ordem numérica, de acordo com sua posição no comboio.
- Os que não fazem parte no comboio deverão regressar posteriormente, não podendo permanecer nos locais das visitas.
- No decorrer da visita, os estacionamentos ficarão reservados exclusivamente aos veículos componentes do comboio.

Itinerários

Esclareça, por meio de descrição detalhada, planta ou croquis, todos os itinerários a ser percorridos pelos veículos, sejam interiores, sejam exteriores.

Quando dentro de cidades, evite ruas movimentadas, com número elevado de semáforos ou curvas muito fechadas. Uma volta um pouco maior poderá ser mais interessante e ainda possibilitará algum tempo para explicações ou instruções aos visitantes. Conte com a colaboração dos guardas de trânsito para que cortem o fluxo de veículos no momento da passagem do comboio. Considere que os veículos, isoladamente ou em comboio, poderão deslocar-se vazios enquanto os visitantes percorrem determinados pontos da programação, embarcando em outro local.

Serviços complementares

Controle o desenvolvimento de serviços complementares, como aqueles que envolvem: refeições, aperitivos, lanches etc. Determine local, disposição de mesas ou dos visitantes nas mesas, tipo de cardápio etc., e considere eventuais atendimentos extras no decurso da visita (café, água, refrigerantes).

Esses serviços poderão estar previstos ou ser oferecidos quando solicitados por alguém. Prepare bandejas, louças e cristais com cuidado, observando os formatos e tamanhos adequados.

Mesmo num simples serviço de água e café, rudimentos de cerimonial devem estar presentes, assim como a filofosia do bem servir. Speers (1984, p. 365) propõe uma sequência para o serviço de café:

1. visitantes; 2. membros da comitiva dos visitantes, pela hierarquia, independentemente de serem homens ou mulheres; 3. pessoas convidadas pelo anfitrião para que estejam presentes durante a visita, na presunção de que sejam estes colaboradores do anfitrião; 4. o anfitrião; 5. elementos do grupo de apoio ao visitante; 6. elementos do grupo de apoio ao anfitrião, juntamente com os membros da imprensa e segurança. O bom-senso mostrará como lidar com as exceções válidas e os casos não previstos.

É necessário lembrar que durante esses períodos existe a possibilidade de bate-papos; assim, procure criar ambientes informais. Nem todas as pessoas têm paladar igual ao seu; na escolha do cardápio, evite comidas pesadas, peixes em dias muito quentes, muito molho ou comida seca demais; não exagere na bebida, principalmente se a visita continuar após a refeição. Caso não se conte com um ótimo grupo de garçons, deve-se optar por servir à americana. Se for contratar garçons, solicite, no mínimo, três orçamentos diferentes, com diversas opções. O bom-senso, aqui, também é fundamental.

Dia ___ / ___ / _____

a) Serviço de água e café
Local: Aeroporto _____
Horário: _____
Responsável: _____

b) Aperitivos
Local: _____
Horário: _____
Responsável: _____

c) Almoço
Local: _____
Horário: _____
Cardápio: _____
Responsável: _____

Os visitantes serão colocados em mesas para quatro pessoas.

Divulgação

Etapa dedicada ao estabelecimento de todas as providências ligadas à promoção e divulgação da empresa. Nessa etapa determinam-se o tipo de material a ser preparado ou montado, sua distribuição, para quem, quando e como será feita a entrega do material.

Material para visitantes

Trata-se do material impresso distribuído antes, no decorrer, ou depois da programação de uma visita dirigida.

Material promocional

É preciso discriminar o material promocional a ser distribuído (folhetos, brindes, blocos de papel, envelopes, canetas, réguas, programas, folhetos diversos), esclarecendo o público-alvo, quando e como será feita a distribuição.

Uma boa dica é colocar todo o material promocional em um envelope ou recipiente personalizado. Quanto à distribuição, evite que os convidados tenham de carregar o material durante toda a visita. Coloque-os nos quartos de hospedagem ou entregue-os ao final do trajeto.

Providencie uma remessa para convidados e autoridades que não puderam comparecer.

- Serão distribuídos aos visitantes o programa pormenorizado da visita, mapas da região, croquis das indústrias, lista da distribuição dos apartamentos e folhetos promocionais.
- Esse material será distribuído durante o primeiro deslocamento aéreo.

Imprensa (ou publicidade)

Determine o material de imprensa que será divulgado (*press-release*, cópias dos discursos, fotos) antes e depois do evento, esclarecendo por quem, como e quando será feita essa distribuição, quem será responsável pela elaboração, em quantos idiomas será produzido etc. Não esqueça a cobertura fotográfica.

Um sistema bastante interessante para a entrega de fotografias de um grupo de visitantes é o seguinte: quando de sua chegada, os anfitriões, discretamente, solicitam ao grupo poses para fotografias "que serão utilizadas como registro da visita". O grupo continua executando o roteiro previamente preparado e, ao final das atividades, cada um dos membros recebe uma cópia da foto tirada no início do evento.

- Haverá necessidade de cobertura pela imprensa para a divulgação da visita. A assessoria receberá os dados para a elaboração dos comunicados de imprensa.
- Após fazer a cobertura fotográfica (*local 1*), o fotógrafo deverá entregar o material ao programador de visitas do setor de relações públicas, para que sejam providenciadas as cópias e a distribuição.
- Com a correspondência de agradecimento pela visita, os visitantes receberão cópias desse material.

Prescrições diversas

Etapa dedicada às medidas de ordem genérica que implicam providências internas e se constituem mais em atividades de apoio ao evento do que propriamente atividades do evento em si. Aqui deverão ser observados atentamente certos recursos e, caso a empresa não disponha de alguns deles, deverão ser providenciados externamente.

Assistência médica

Determine todas as providências a serem adotadas para garantir o atendimento médico durante a visita. Poderá haver designação nominal de médicos e enfermeiros (em escala diurna e noturna), postos médicos, ambulância etc.

Segurança ou segurança no trabalho

Algumas instituições públicas, durante eventos, contam com um serviço de segurança com funções bem definidas, ou seja, segurança geral do evento, das autoridades presentes e do patrimônio. Também podem ser acionados o policiamento de estradas, policiamento em razão de momentos políticos críticos etc.

Os momentos políticos positivos ou a popularidade de um visitante ou grupo podem atrair um grande número de repórteres e pessoas em geral. O profissional de relações públicas deverá considerar esse fato e, em conjunto com o setor de segurança, estabelecer zonas de contenção ou lugares específicos. Nesse esquema, a imprensa merece atenção especial. Poderá ser construído um tablado mais alto do que o palanque oficial (se a programação exigir discursos, placas, fitas etc.) e com localização privilegiada para a cobertura fotográfica.

Caso a empresa não disponha de um órgão de segurança, poderá ser utilizado o serviço de segurança no trabalho para cuidar da sinalização, prevenção de acidentes, distribuição de capacetes, policiamento, manutenção de geradores de energia etc.

Comunicações

Nesta etapa, deverão constar todas as orientações relativas aos sistemas radiotelefônicos que devem ser postos à disposição das atividades da visita, inclusive aqueles destinados à ligação entre o local visitado e a comunidade onde a empresa está localizada. *Walkie-talkies* ou celulares podem ser opções para essas comunicação.

Devem ser destacados os telefones e/ou ramais necessários para a comunicação com outros pontos do evento e para o atendimento de casos de urgência. É recomendável a instalação de uma central de comunicações que oriente todo esse serviço, indicando as "pontes" exigidas para estabelecer o contato entre intercomunicadores. Poderão ser inseridos no programa os números de interesse para os convidados e visitantes de um evento ou programação.

No caso da não existência de um órgão que possa estabelecer esse plano, ele poderá ser elaborado pelo pessoal de relações públicas.

Atribuições do pessoal de relações públicas

Nesta etapa ocorre a designação de todos os funcionários diretamente envolvidos no evento e são definidas sucintamente suas tarefas e responsabilidades, facilitando contatos necessários no desenvolvimento do programa.

Além disso, é o momento de definir providências internas que visem melhorar as condições de execução, bem como os comunicados internos de solicitação de pessoal, materiais, equipamentos, autorizações para visitas, serviços, orçamentos, entre outros. Crie textos padronizados para ofícios, o leiaute de placas comemorativas e indicativas etc.

O coordenador de visitas pode ser uma pessoa da organização indicada especialmente para coordenar todas as atividades relacionadas com a realização de uma visita dirigida. Pode também conduzir os trabalhos de uma inauguração ou acontecimento especial. Por não exercer somente esse cargo, deve apoiar todas as iniciativas que visem ao sucesso do evento. Tem papel de destaque no atendimento social de convidados e autoridades presentes ao ato.

O programador de visitas deve ser uma pessoa da organização contratada especialmente para projetar, desenvolver e preparar todos os veículos de comunicação dirigida aproximativa. Deve adotar e solicitar providências de outros serviços internos para assegurar a realização do que foi projetado, tendo prioridade no atendimento do que for necessário ao seu trabalho. Durante a realização do evento, dirige todas as etapas previstas e resolve os problemas surgidos, podendo, para isso, consultar o coordenador de visitas. Após o ato, estabelece o tipo de continuação a ser dada ao programa, cumprindo o determinado no projeto. É normalmente apoiado por monitores de visitas.

Providências internas

Verifique a limpeza dos locais de permanência da comitiva e o funcionamento de aparelhos elétricos, tais como ar-condicionado e lâmpadas, além de executar as outras atividades previstas anteriormente.

Equipamentos

É fundamental discriminar todos os equipamentos de som e de projeção audiovisual que serão utilizados, definindo o local de instalação, aplicação, providências preliminares (revisão, testes, ensaios).

a) Locais: _____ e _____
Data: ___ / ___ / _____
Equipamentos no _____ (*local*)
Audiovisual e sistema de gravação completo
Equipamentos no _____ (*local*)
Sistema de gravação completo com microfone de pedestal
Equipamentos no _____ (*local*)
Operadores dos equipamentos: o Setor de Relações Públicas designará todos os operadores de audiovisuais
Recomendações: testar previamente todos os equipamentos

b) Deslocamento dos operadores
Partida
Data: ___ / ___ / _____
Local: _____
Horário: _____
Transporte: _____ – conforme requisição do setor responsável
Horário previsto de chegada: _____
Local de chegada: _____
Hospedagem
Estada: de ___ / ___ / _____ a ___ / ___ / _____
Local: _____
Responsável: _____

c) Retorno (*mesmos itens de "Partida"*)

Continuação

Esta etapa envolve as atividades, já previstas que deverão ser desenvolvidas após a realização do evento, como: envio de comunicados agradecendo a colaboração (internamente) e a visita, remessa de material promocional para os convidados especiais que não puderam comparecer, desmobilização da segurança, encaminhamento dos veículos de volta à origem etc.

Avaliação e controle

Discrimine os itens destinados à verificação do sucesso do evento. Se for o caso, crie um questionário de avaliação, a ser preenchido pelos visitantes ou seus representantes, contendo espaço para opiniões, sugestões e críticas. Melhorar será sempre o objetivo. Após a conclusão da visita, não se esqueça de fazer um relatório no qual deverão constar todos os fatos que não aconteceram de acordo com o programado. Anote também sugestões pessoais.

O controle de movimentação de visitas é fundamental para avaliar suas atividades. Esse controle poderá ser feito por meio de formulário próprio, contendo: datas das visitas, tipos de visitantes, total mensal de visitantes, total anual, palestras proferidas, procedência dos visitantes (município, estado ou país) e o cálculo do custo desses visitantes (refeições, transportes, hospedagem, horas trabalhadas, material promocional etc.).

Tal controle pode ter início com um livro de presença, sendo que os dados podem ser preenchidos pelos visitantes. Caso a empresa tenha várias filiais, o controle poderá ser feito pelas diferentes unidades, cujos resultados devem ser somados para a obtenção dos valores totais.

Relatório

É a exposição pormenorizada, para a autoridade administrativa, das atividades de uma empresa ou organização. Deve mencionar aquilo que ocorreu e aquilo que não ocorreu de acordo com o que foi previsto num projeto de evento ou programação. O relatório deve ser claro, exato, conciso, pertinente e ilustrado.

Distribuição

Envolva a entrega contendo o documento do projeto, roteiro de visita dirigida ou outra programação para todas as pessoas direta ou indiretamente ligadas ao evento. É preciso determinar o número de cópias que cada um deverá receber e o procedimento de encaminhamento do material. Entregue-o com antecedência para que as pessoas possam adotar as providências necessárias.

Dr. _____, presidente (1)
Dr. _____, superintendente (1)
Senadores (25)
Arquivo (1)

Departamento de Relações Públicas

---

16 Tráfego de solicitação de visitas

Dados básicos

Entidade: _____
Endereço: _____
Elemento para contato: _____
Local a ser visitado: _____
Data: ___ / ___ / _____ Hora de chegada: _____ Hora da partida: _____
Tipo de transporte: _____
Obs.: _____

Sequência

Data de recebimento do pedido:	___/___/___
Resposta e envio de questionário em:	___/___/___
Recebimento do questionário preenchido em:	___/___/___
Início da confecção do programa e aprovação da minuta em:	___/___/___
Recebimento da minuta aprovada em:	___/___/___
Confecção do programa final em:	___/___/___
Providências paralelas:	___/___/___
Confecção do extrato do programa:	___/___/___
Preparação de placas e medalha:	___/___/___
Contatos para o transporte:	___/___/___
Confecção da numeração de veículos em:	___/___/___
Material e equipamento audiovisual:	___/___/___
Material promocional:	___/___/___
Outras providências:	___/___/___
Envio do programa para aprovação em:	___/___/___
Aprovado em:	___/___/___
Distribuição de cópias e envio de extratos em:	___/___/___
Obs.:	

Materiais para palestras

( ) microfone
( ) datashow
( ) indicador
( ) número de lugares
( ) equipamento de ventilação
( ) _____

( ) equipamento de gravação
( ) telas
( ) microfone para perguntas
( ) mesa para operador
( ) garrafas de água e copos para oradores
( ) _____

Responsável pelos equipamentos e local: _____
Verificar a localização do interruptor para apagar e acender a luz quando necessário.
Obs.: _____

Homenagem

( ) microfone   ( ) entrega de brindes

Obs.: _____

Distribuição de:

( ) material promocional   local: _____
( ) roteiro de visita   local: _____
( ) crachás   local: _____

Obs.: _____

Transporte

( ) numeração das viaturas
( ) determinação dos lugares
( ) veículos para tripulação
( ) segurança

( ) posição no comboio
( ) veículos para bagagens
( ) limpeza
( ) _____

Responsável pelo serviço: _____
Obs.: _____

Medidas complementares

( ) verificar as condições dos acessos   ( ) organizar a reunião final
( ) cronometrar a visita   ( ) providenciar a limpeza dos locais de visita

Obs.: _____

17 Lista de providências no local do evento

Hospedagem

a) Verificação dos apartamentos:
( ) etiquetas de identificação
( ) roupa de cama e mesa
( ) lâmpadas
( ) limpeza
( ) instalações sanitárias
( ) garrafas, água, copos
Responsável pelo local: _____
Obs.: _____

b) Verificação da recepção:
( ) lista de distribuição dos quartos
( ) caixa de primeiros socorros
( ) setas indicativas
( ) listas telefônicas
( ) instruções gerais para os visitantes
Responsável pelo local: _____
Obs.: _____

Serviços complementares

a) Almoço ou jantar:
( ) cardápio
( ) bebidas
( ) coquetel
( ) garçons
( ) número de lugares e mesas
( ) arranjos de mesa
Responsáveis pelos serviços: _____
Obs.: _____

b) Serviço de:
( ) água   ( ) café   ( ) sucos
Locais: _____
Responsáveis pelos serviços: _____
Obs.: _____

Locais das visitas

( ) percurso do roteiro de visitas
( ) limpeza geral
( ) salões de descanso
( ) verificação das instalações sanitárias
( ) bares
Responsáveis pelos serviços: _____
Obs.: _____

Pontos de desembarque

( ) hasteamento de bandeira(s)   ( ) limpeza
Obs.: _____

18 *Check-list* de ações/tarefas/equipamentos/instalações

Ações Tarefas/ equipamentos/ instalações	Data final	Responsável
Adquirir *(itens fornecidos por terceiros)*		
flores para apartamentos de oradores	___/___/___	
flores para arranjos	___/___/___	
flores para decoração em geral	___/___/___	
frutas para apartamentos de oradores	___/___/___	
garrafas de água	___/___/___	
jornais diários	___/___/___	
produtos de limpeza	___/___/___	
revistas	___/___/___	
Alocar *(distribuição do pessoal já contratado)*		
recursos humanos *(discriminar)*	___/___/___	
Assinar *(impressos prontos e preenchidos)*		
certificados	___/___/___	
cheques	___/___/___	
contratos	___/___/___	
Checar *(verificação de funcionamento)*		
instalações elétricas	___/___/___	
instalações sanitárias	___/___/___	
Checar esquemas *(pré-testagem)*		
assistência a crianças e/ou menores	___/___/___	
assistência em caso de acidentes	___/___/___	

continua ▶

Ações Tarefas/ equipamentos/ instalações	Data final	Responsável
Colocar e/ou posicionar (*disposição de itens prontos em locais específicos*)		
arranjos florais	__/__/__	
avisos	__/__/__	
balcão de informações	__/__/__	
balcão de inscrições	__/__/__	
bandeiras	__/__/__	
bandeirolas	__/__/__	
cadeiras para as salas	__/__/__	
cadeiras para o auditório	__/__/__	
cadeiras para o palco	__/__/__	
cartazes de boas-vindas	__/__/__	
cartazes indicativos	__/__/__	
cartazes publicitários internos	__/__/__	
cavaletes e mourões	__/__/__	
cavaletes para álbuns seriados	__/__/__	
cestas de frutas	__/__/__	
cordões de isolamento	__/__/__	
decoração	__/__/__	
faixas	__/__/__	
mastros de bandeiras	__/__/__	
mesa para o palco	__/__/__	
mesas para pontos de apoio	__/__/__	
mesas para salas	__/__/__	
mesas para serviços complementares	__/__/__	
numeração de salas e veículos	__/__/__	
painéis decorativos	__/__/__	
painéis para fotografias	__/__/__	
palanque de autoridades	__/__/__	

continua ▶

Ações Tarefas/ equipamentos/ instalações	Data final	Responsável
Colocar e/ou posicionar (*disposição de itens prontos em locais específicos*)		
palanque de imprensa	___/___/___	
palco(s)	___/___/___	
passadeiras	___/___/___	
passarelas	___/___/___	
placa comemorativa	___/___/___	
pódio	___/___/___	
quadros de avisos	___/___/___	
sinalização em geral	___/___/___	
tapetes	___/___/___	
telas para projeção	___/___/___	
telões	___/___/___	
toalhas de mesa	___/___/___	
toldos	___/___/___	
tribunas	___/___/___	
Confirmar (*já contatados, avisados ou contratados*)		
apresentações artísticas diversas	___/___/___	
apresentações musicais	___/___/___	
apresentações teatrais	___/___/___	
bufê	___/___/___	
cobertura fotográfica própria	___/___/___	
culto ecumênico e sua programação	___/___/___	
hospedagem (*discriminar os locais*)	___/___/___	
presença de autoridades	___/___/___	
presença de comitê de recepção	___/___/___	
presença de convidados especiais	___/___/___	
produtos promocionais (*discriminar expositores*)	___/___/___	
programas (*discriminar todos os itens*)	___/___/___	

continua ▶

Ações Tarefas/ equipamentos/ instalações	Data final	Responsável
Confirmar (*já contatados, avisados ou contratados*)		
restaurantes	___/___/___	
serviços complementares (*separar por locais*)	___/___/___	
serviços de água e café (*separar por locais*)	___/___/___	
serviços fotográficos	___/___/___	
serviços de lanche e refeição (*pessoal de apoio*)	___/___/___	
serviços de transporte	___/___/___	
Desligar e/ou marcar		
equipamentos perigosos	___/___/___	
locais perigosos	___/___/___	
máquinas perigosas	___/___/___	
Deslocamento do pessoal – partida (*de apoio, principalmente*)		Responsável
data:		
local de partida:		
horário:		
transporte:		
chegada prevista:		
local de chegada:		
hospedagem:		
Deslocamento do pessoal – regresso (*de apoio, principalmente*)		Responsável
data:		
local:		
horário:		
transporte:		
chegada prevista:		
Dispor de (*disponibilidade para uso imediato*)		
auxílios audiovisuais isolados (*discriminar*)	___/___/___	
bandejas	___/___/___	

continua ▶

Ações Tarefas/ equipamentos/ instalações	Data final	Responsável
Dispor de (*disponibilidade para uso imediato*)		
brindes	__/__/__	
calendário do evento	__/__/__	
capacetes	__/__/__	
capas	__/__/__	
CDs e DVDs para música ambiente		
cestas de lixo	__/__/__	
cópias dos pronunciamentos	__/__/__	
copos de água para mesas	__/__/__	
copos de cristal	__/__/__	
copos descartáveis	__/__/__	
crachás de mesa	__/__/__	
fones de ouvido para tradução simultânea	__/__/__	
fotografias de autoridades	__/__/__	
fotografias de convidados especiais	__/__/__	
fotografias de oradores	__/__/__	
guarda-chuvas	__/__/__	
impressos (*discriminar*)	__/__/__	
intercomunicadores	__/__/__	
itinerários	__/__/__	
listagem das autoridades	__/__/__	
listagem das autoridades que deverão compor a mesa de honra	__/__/__	
listagem de telefones e ramais	__/__/__	
listagem de veículos para estacionamento	__/__/__	
• veículos de autoridades	__/__/__	
• veículos de convidados especiais	__/__/__	
• veículos de imprensa	__/__/__	
• veículos do pessoal de apoio	__/__/__	

continua ▶

Ações Tarefas/ equipamentos/ instalações	Data final	Responsável
Dispor de (*disponibilidade para uso imediato*)		
• veículos dos organizadores	__/__/__	
mapas de distribuição do pessoal nos veículos	__/__/__	
materiais de apoio (*discriminar*)	__/__/__	
material de imprensa (*discriminar*)	__/__/__	
material e equipamento de expediente (*indicar*)	__/__/__	
material e equipamento de pontos de apoio (*listar*)	__/__/__	
material para visitantes (*discriminar*)	__/__/__	
material promocional (*discriminar*)	__/__/__	
medalhas gravadas	__/__/__	
óculos de segurança	__/__/__	
programação para visitantes	__/__/__	
programas (*discriminar*)	__/__/__	
publicações (*discriminar*)	__/__/__	
questionários de pesquisa/oradores	__/__/__	
questionários de pesquisa/participantes	__/__/__	
questionários de pesquisa/pessoal de apoio	__/__/__	
questionários de pesquisa/visitantes	__/__/__	
relação das autoridades	__/__/__	
relação dos convidados ou participantes	__/__/__	
relação dos patrocinadores	__/__/__	
relação dos visitantes	__/__/__	
relações prévias para os estacionamentos	__/__/__	
relações prévias para os pontos de apoio	__/__/__	
sapatos especiais (*previsão*)	__/__/__	
Ensaiar		
comitivas/cortejos	__/__/__	
desfiles	__/__/__	
fluxos	__/__/__	

continua ▶

Ações Tarefas/ equipamentos/ instalações	Data final	Responsável
Entregar (*itens disponíveis para encaminhamento*)		
boletim informativo para participantes	__/__/__	
carta de instruções para oradores	__/__/__	
esquema de transporte para participantes	__/__/__	
flores para os apartamentos	__/__/__	
identificação do pessoal de apoio	__/__/__	
• acompanhantes	__/__/__	
• guias	__/__/__	
• motoristas	__/__/__	
• recepcionistas	__/__/__	
instruções para pessoal de apoio	__/__/__	
• animadores	__/__/__	
• auxiliares de cerimonial	__/__/__	
• camareiros	__/__/__	
• coordenadores técnicos	__/__/__	
• copeiros	__/__/__	
• garçons	__/__/__	
• guias	__/__/__	
• motoristas	__/__/__	
• recepcionistas	__/__/__	
• telefonistas	__/__/__	
instruções sobre os trajes	__/__/__	
instruções sobre o uso de uniformes	__/__/__	
itinerário para motoristas e guias	__/__/__	
jornais diários para os apartamentos	__/__/__	
ordem do dia para o mestre de cerimônias	__/__/__	
programas aos oradores	__/__/__	
programas aos participantes	__/__/__	
revistas para os apartamentos	__/__/__	

continua ▶

Ações Tarefas/ equipamentos/ instalações	Data final	Responsável
Enviar (*para pessoas que não participem diretamente do processo de organização do evento*)		
cartas de agradecimento	___/___/___	
comunicados internos (*solicitações*)	___/___/___	
• autorizações	___/___/___	
• equipamentos	___/___/___	
• instalações	___/___/___	
• materiais	___/___/___	
• orçamentos	___/___/___	
• pessoal	___/___/___	
• recursos audiovisuais	___/___/___	
• serviços	___/___/___	
• transporte (*especialmente o de apoio*)	___/___/___	
Finalizar (*disciplinar*)		
croqui do roteiro da visita destacando as autoridades e convidados	___/___/___	
croqui do roteiro da visita destacando ida e volta	___/___/___	
leiaute dos vários locais envolvidos	___/___/___	
obras de alvenaria	___/___/___	
Iniciar		
policiamento de trânsito	___/___/___	
segurança	___/___/___	
Instalar e checar (*itens já disponíveis*)		
alto-falantes	___/___/___	
amplificadores	___/___/___	
computadores	___/___/___	
equipamento de gravação de imagem	___/___/___	
equipamento de gravação de som	___/___/___	
equipamento multimídia	___/___/___	
equipamento para tradução simultânea	___/___/___	

continua ▶

Ações Tarefas/ equipamentos/ instalações	Data final	Responsável
Instalar e checar (*itens já disponíveis*)		
gravadores avulsos	___/___/___	
microfones	___/___/___	
retroprojetores	___/___/___	
telefones	___/___/___	
Montar e equipar		
estandes	___/___/___	
palanque para autoridades	___/___/___	
palanque para a imprensa	___/___/___	
Montar pastas para (*conteúdo: material promocional, de apoio, publicações e impressos*)		
autoridades	___/___/___	
imprensa	___/___/___	
oradores	___/___/___	
participantes	___/___/___	
patrocinadores	___/___/___	
Pagar		
direitos autorais	___/___/___	
impostos	___/___/___	
seguro-saúde	___/___/___	
seguro de vida	___/___/___	
Preencher certificados para		
apresentadores de trabalhos	___/___/___	
colaboradores	___/___/___	
membros da comissão organizadora	___/___/___	
moderadores e presidentes de mesa	___/___/___	
oradores	___/___/___	
participantes	___/___/___	
participantes de comissões operacionais	___/___/___	

continua ▶

Ações / Tarefas/ equipamentos/ instalações	Data final	Responsável
Preencher certificados		
participantes de cursos e/ou oficinas	___/___/___	
participantes de programação paralela	___/___/___	
patrocinadores	___/___/___	
pessoal de apoio	___/___/___	
relatores de comissões técnicas	___/___/___	
Preencher convites	___/___/___	
Preencher crachás de		
assessores	___/___/___	
autoridades	___/___/___	
convidados especiais	___/___/___	
coordenadores de comissões operacionais	___/___/___	
coordenadores de visitas	___/___/___	
diretores	___/___/___	
integrantes das comitivas da organização das visitas	___/___/___	
membros da comissão organizadora	___/___/___	
membros da imprensa	___/___/___	
oradores	___/___/___	
participantes	___/___/___	
pessoal de apoio	___/___/___	
visitantes	___/___/___	
Preparar e equipar (*áreas com outras utilidades que estarão disponíveis com pouca antecedência*)		
almoxarifado	___/___/___	
áreas de descanso	___/___/___	
central de auxílios audiovisuais	___/___/___	
espaço para expositores	___/___/___	
guarda-volumes	___/___/___	
laboratórios	___/___/___	

continua ▶

Ações Tarefas/ equipamentos/ instalações	Data final	Responsável
Preparar e equipar (*áreas com outras utilidades que estarão disponíveis com pouca antecedência*)		
pontos de apoio	__/__/__	
posto médico	__/__/__	
sala de imprensa	__/__/__	
sala de serviços individuais	__/__/__	
salas de apoio em geral	__/__/__	
secretaria geral	__/__/__	
vestiário	__/__/__	
Responsabilizar (*instruções aos encarregados*)		
pontos de apoio	__/__/__	
programas (*discriminar*)	__/__/__	
serviços complementares (*discriminar*)	__/__/__	
sessões (*discriminar*)	__/__/__	
Sinalizar		
estacionamento	__/__/__	
sanitários de autoridades	__/__/__	
sanitários femininos	__/__/__	
sanitários masculinos	__/__/__	

Providências, atividades e responsabilidades no local do evento ou durante a programação	Responsável
acompanhar as autoridades ao local do evento	
acompanhar e controlar o serviço de bufê	
avisar ao mestre de cerimônias que ele já pode iniciar o ato	
conduzir as autoridades à mesa principal	
coordenar o encaminhamento de refeições para o pessoal da imprensa, motoristas, seguranças, pessoal de apoio etc.	
cuidar dos aspectos paisagísticos do local do evento	
facilitar a locomoção da imprensa no local	

continua ▶

Providências, atividades e responsabilidades no local do evento ou durante a programação	Responsável
instruir e controlar os recepcionistas no local	
orientar os recepcionistas quanto à distribuição de brindes	
prestar informações que se fizerem necessárias aos convidados e autoridades	
verificar o funcionamento dos serviços de água e café	
verificar se todas as autoridades estão presentes	
zelar pelo cumprimento rigoroso dos horários estabelecidos no calendário ou roteiro de visita	

19 Instrução do pessoal de relações públicas

Recepção das autoridades e convidados

- Solicitar convites.
- Verificar crachás.
- Fazer anotações na lista.
- Prestar informações sobre o programa.
- Levar mapa dos aviões para o local do evento.
- Informar o coordenador geral a respeito da chegada das autoridades e convidados.
- Caso alguém não conste da lista geral nem apresente convite, o responsável consultará o coordenador, solicitando autorização para a entrada.
- Identificar os jornalistas, exigindo a credencial.
- Facilitar a locomoção da imprensa no local.
- Receber dos responsáveis as listas de autoridades e convidados nos pontos de embarque.
- Fazer o levantamento final de todos os convidados e autoridades presentes no evento.
- Comunicar ao responsável pelo refeitório o número de pessoas presentes no evento.
- Verificar se todas as autoridades que compõem a mesa estão presentes.
- Organizar o comboio que conduzirá as autoridades.
- Acompanhar o serviço de bufê.
- Verificar os apartamentos das autoridades.
- Recepcionar oficialmente as autoridades.
- Depois do serviço de água e café, conduzir as autoridades para o comboio.
- Acompanhar as autoridades ao local do evento.
- O coordenador do evento conduzirá as autoridades ao palanque.
- Instruir recepcionistas no local do evento.

- Prestar informações que se fizerem necessárias aos convidados e autoridades.
- Conduzir as autoridades à mesa principal.
- Coordenar a distribuição de brindes para as autoridades e convidados, após ter instruído os recepcionistas encarregados dessa distribuição.
- Coordenar o encaminhamento do almoço ao pessoal de imprensa, motoristas e seguranças, bem como ao pessoal de apoio.

No avião

- Informar horário de chegada.
- Proceder a distribuição de senhas.
- Informar tempo de viagem.
- Informar horário de chegada ao local e de partida.

Distribuição dos convidados nos comboios

- Organizar o comboio.
- Recepcionar autoridades e convidados.
- Encaminhar as autoridades para o avião, os helicópteros e/ou os ônibus.
- Avisar o responsável sobre a chegada de autoridades e demais convidados.
- Providenciar transporte para convidados que chegarem fora do horário.
- Seguir para o local logo após o embarque das autoridades, para dar cobertura às solenidades.

Bibliografia

"I DIMENSIONAMENTO Econômico da Indústria de Eventos no Brasil". *Revista dos Eventos*, São Paulo, ano 4, n. 18, set. 2002.

ALVES, Valéria. "Mercado de eventos: uma porta de entrada para novos negócios". *Revista dos Eventos*, São Paulo, n. 8, p. 24, 2000.

ANDRADE, Cândido Teobaldo de Souza. *Como administrar reuniões*. 2. ed. São Paulo: Loyola, 1995.

_____. *Dicionário profissional de relações públicas e comunicação e glossário de termos anglo-americanos*. 2. ed. São Paulo: Summus, 1996.

_____. *Para entender relações públicas*. 4. ed. São Paulo: Loyola, 1993.

ANDRADE, Renato Brenol. *Manual de eventos*. Caxias do Sul: Educs, 1999.

APOSTEL, Leo. "Towards the formal study of models in the non-formal sciences". In: FREUDENTHAL, Hans (org.). *The concept and the role of the model in mathematics and natural and social sciences*. Dordrecht: D. Reidel, 1961.

ARANTES, Sérgio Junqueira. "Crescimento e otimismo". *Revista dos Eventos*, São Paulo, n. 13, p. 24-31, 2002.

BOONE, Louis E.; KURTZ, David L. *Marketing contemporâneo*. Rio de Janeiro: LTC, 1998.

CANTON, Antonia Marisa. "Eventos". In: ANSARAH, Marília (org.). *Turismo: como aprender, como ensinar*. São Paulo: Senac, 2000.

CATHERWOOD, Dwight W.; VAN KIRK, Richard L. *The complete guide to special event management*. Nova York: John Wiley & Sons, 1992.

CESCA, Cleuza Gertrudes Gimenes. *Comunicação dirigida escrita na empresa: teoria e prática*. 4. ed. São Paulo: Summus, 2006.

_____. *Estratégias empresariais diante do novo consumidor – relações públicas e aspectos jurídicos*. São Paulo: Summus, 2000.

_____. *Organização de eventos: manual para planejamento e execução*. 9. ed. São Paulo: Summus, 2008.

_____ (org.). *Relações públicas e suas interfaces*. São Paulo: Summus, 2006.

COSTA, Antonio R.; TALARICO, Édison de Gomes. *Marketing promocional: descobrindo os segredos do mercado*. São Paulo: Atlas, 1996.

ESPÍRITO SANTO, Alexandre do. *Delineamentos de metodologia científica*. São Paulo: Loyola. 1992.

FERRARI, Alfonso Trujillo. *Metodologia da pesquisa científica*. São Paulo: McGraw-Hill, 1982.

FERREIRA, Waldir. "Comunicação dirigida: instrumento de relações públicas". In: KUNSCH, Margarida Maria Krohling (org.). *Obtendo resultados com relações públicas*. São Paulo: Pioneira Thomson Learning, 2006, p. 91-101.

FORTES, Waldyr Gutierrez. *Relações públicas: processo, funções, tecnologia e estratégias*. 2. ed. São Paulo: Summus, 2003.

_____. *Transmarketing: estratégias avançadas de relações públicas no campo do marketing*. São Paulo: Summus, 1999.

FREITAS, Maria Íris Teixeira de. *Cerimonial e etiqueta: ritual das recepções*. Belo Horizonte: UMA, 2001.

FREITAS, Sidineia Gomes. "Cultura organizacional e comunicação". In: KUNSCH, Margarida Maria Krohling (org.). *Obtendo resultados com relações públicas*. São Paulo: Pioneira Thomson Learning, 2006, p. 53-62.

GIACAGLIA, Maria Cecília. *Organização de eventos: teoria e prática*. São Paulo: Pioneira Thomson Learning, 2003.

KOTLER, Philip. *Administração de marketing: análise, planejamento, implementação e controle*. 4. ed. São Paulo: Atlas, 1996.

KOTLER, Philip; MINDAK, William. "Marketing and public relations: partners or rivals?" *Journal of Marketing*, v. 42, n. 10, p. 13-20, out. 1978.

LAS CASAS, Alexandre Luzzi. *Marketing: conceitos, exercícios, casos*. 4. ed. São Paulo: Atlas, 1997.

LOOMBA, Narendra Paul. *Management: a quantitative perspective*. Nova York: Macmillan, 1978.

LUZ, Olenka Ramalho. *Introdução ao cerimonial e protocolo*. Curitiba: Santa Mônica, 2000.

MARTIN, Vanessa. *Manual prático de eventos*. São Paulo: Atlas, 2003.

MARTINS, Gilberto de Andrade. "Teorias e modelos nas ciências administrativas". In: *Seminário em Administração FEA-USP: Ensaio Administração Geral*, 6 (anais). São Paulo: FEA-USP, 2003.

MASSY, William F. "Model building in marketing: an overview". In: FERBER, Robert (org.). *Handbook of marketing research*. Nova York: McGraw-Hill, 1974.

MATIAS, Marlene. *Organização de eventos: procedimentos e técnicas*. São Paulo: Manole, 2001.

MATTEUCCI, Leonora. "Turismo de negócios". *Marketing*, São Paulo, n. 349, fev. 2002.

MCCARTHY, Edmund Jerome; PERREAULT JR., William D. *Marketing essencial: uma abordagem gerencial e global*. 3. ed. São Paulo: Atlas, 1997.

MCKENNA, Regis. *Marketing de relacionamento: estratégias bem-sucedidas para a era do cliente*. Rio de Janeiro: Campus, 1993.

MEIRELLES, Gilda. *Tudo sobre eventos*. São Paulo: STS, 1999.

MELO NETO, Francisco Paulo de. *Criatividade em eventos*. São Paulo: Contexto, 2000.

_____. *Marketing de eventos*. Rio de Janeiro: Sprint, 1998.

MENEGHETTI, Sylvia Bojunga. *Comunicação e marketing: fazendo a diferença no dia a dia de organizações da sociedade civil*. São Paulo: Global, 2001.

MIYAMOTO, Massahiro. *Administração de congressos científicos e técnicos*. São Paulo: Pioneira/Edusp, 1987.

OGDEN, James R. *Comunicação integrada de marketing*. São Paulo: Prentice Hall, 2002.

SANTOS, Luzmair de Siqueira; FREITAS JUNIOR, Elias de (coords.). *Manual de eventos*. Brasília: Embrapa/ACS, 1997.

SEMENIK, Richard J.; BAMOSSY, Gary J. *Princípios de marketing*. 2. ed. São Paulo: Makron Books, 1995.

SILVA, Mariângela Benine Ramos. *Evento como estratégia de negócios: modelo de planejamento e execução*. Londrina: edição da autora, 2005.

SIMÕES, Roberto Porto. *Relações públicas: função política*. 3. ed. São Paulo: Summus, 1995.

SPEERS, Nelson. *Cerimonial para relações públicas*. São Paulo: edição do autor, 1984.

TENAN, Ilka Paulete Svissero. *Eventos*. São Paulo: Aleph, 2002.

TORO, José Bernardo; WERNECK, Nísia Maria Duarte. *Mobilização social: um modo de construir a democracia e a participação*. Brasília: MMA/Abeas/Unicef, 1997.

VAVRA, Terry G. *Marketing de relacionamento: aftermarketing*. São Paulo: Atlas, 1993.

VAZ, Gil Nuno. *Marketing institucional: o mercado de ideias e imagens*. São Paulo: Pioneira, 1995.

VELOSO, Dirceu. *Organização de eventos e solenidades*. Goiânia: AB, 2001.

WEBER, Nancy. "Assessoria de imprensa e a indústria de eventos". *Revista dos Eventos*, São Paulo, n. 19, p. 30-2, 2002.

ZENONE, Luiz Claudio; BUAIRIDE, Ana Maria R. *Marketing da comunicação*. São Paulo: Futura, 2002.

apêndice Tipos de evento

Caracterização e peculiaridades de diferentes tipos de evento

A classificação apresentada a seguir[1] define os eventos conforme as características e peculiaridades que apresentam. Para facilitar a consulta, a apresentação é feita em ordem alfabética.

Os tipos de evento mais utilizados são:

Almoço	Desfile	Lançamento para imprensa
Almoço-*network*	Desfile cívico	Leilão
Assembleia	Dia de campo	Megaevento
Banquete	Dia específico	Mesa-redonda
Brainstorming	Encontro	Mostra
Brunch	Encontro municipal	*Network*
Café da manhã	Entrevista coletiva	Oficina
Campanha	Estudo de caso	Outorga de título
Casamento	Evento esportivo	Painel
Cerimônia de posse	Evento social	Painel de debate
Chá	Evento de ecoturismo	Painel de questionamento
Churrasco	Excursão	Painel técnico
Círculo de estudos	Exposição	Palestra
Círculo de palestras	Feira	Reunião
Coffee-break	Festival	*Roadshow*
Colóquio	Formatura/colação de grau	Rodada de negócios
Comemoração	Fórum	Salão
Concílio	*Garden party*	Semana
Conclave	*Happy hour*	Seminário

1. Foram utilizadas as fontes de pesquisa citadas na bibliografia deste livro, bem como a experiência profissional e pessoal dos autores.

Concurso	Inauguração de espaço físico	Show
Conferência	Inauguração de retrato, busto, estátua	Show de produtos
Conferência com debate	Jantar	*Showcasing*
Congresso	Jogo de empresa	Simpósio
Convenção	Jornada	Torneio esportivo
Convenção de revendedores	Lançamento de livro	*Vernissage*
Coquetel	Lançamento de maquete	Videoconferência
Curso	Lançamento de pedra fundamental	Visita ou *open day*
Debate	Lançamento de produto/serviço	*Workshop*

ALMOÇO

Evento realizado por ocasião de comemorações, homenagens, programa de visitas e outros acontecimentos. Pode ser feito em restaurante, clube, hotel, refeitório de empresa, com a devida reserva. O organizador deve ser o primeiro a chegar, para distribuir os lugares e fazer os acertos finais de orçamento. O cardápio pode ser previamente escolhido, levando-se em conta restrições de algumas pessoas a determinados alimentos, muitas vezes por motivo religioso. Esse é o tipo de evento para quase todas as ocasiões, desde uma reunião de trabalho no escritório até um casamento realizado durante o dia. Horário sugerido: dias úteis – entre 12h e 13h30; finais de semana – entre 12h30 e 14h.

ALMOÇO *NETWORK*

Almoço-reunião no qual se discute a pauta durante o aperitivo e utiliza-se o restante do tempo para fechamento do assunto, saboreando o prato principal. Horário sugerido: entre 12h e 13h30.

ASSEMBLEIA

Reunião da qual participam delegações representantes de grupos, estados, países etc. Sua principal característica é debater assuntos de grande interesse de grupos, classes profissionais, países, regiões ou estados. O desenrolar dos trabalhos apresenta peculiaridades, como delegações colocadas em lugares preestabelecidos e conclusões apresentadas e votadas em plenário e posteriormente transformadas em recomendações da assembleia. Somente as delegações oficiais têm direito a voto, mas isso não impede a inscrição de participantes interessados no assunto, os quais têm apenas a função de ouvintes.

BANQUETE

Encontro suntuoso e solene para ocasiões especiais. O banquete reúne um grupo homogêneo de pessoas. Nesse sistema, o mesmo menu é servido a todos os convidados ao mesmo tempo. O cardápio deve ser inigualável, bem como os serviços especializados e os profissionais qualificados. O banquete pode ser oferecido em ocasões de caráter estritamente privado ou familiar ou de caráter oficial. Caracteriza-se pela cuidadosa decoração e requinte do local onde se realiza, distinção e elegância do vestuário dos participantes. Requer planejamento impecável.

BRAINSTORMING

Essa expressão, que literalmente significa "tempestade de ideias", designa o que se costuma chamar de "sessão de criatividade". Nessa reunião informal – muito utilizada na área publicitária –, as pessoas são estimuladas a liberar sua criatividade sem que nenhuma ideia seja descartada, para depois fazer uma análise exaustiva de todas as possibilidades. Divide-se em duas etapas: a criativa e a avaliativa. Na primeira, os participantes expõem suas ideias sem nenhum tipo de censura ou crítica; na segunda, essas ideias são discutidas e analisadas, permitindo traçar um perfil do objetivo buscado.

BRUNCH

Tipo de evento muito utilizado pelos hotéis neste inicio do século XXI. A palavra se origina da junção de *breakfast* (café da manhã) e *lunch* (almoço). O sucesso do evento está diretamente ligado ao local onde é feito e na forma equilibrada como são servidos doces, salgados, sucos e bebidas alcoólicas leves. Além do propósito empresarial, o *brunch* é bastante utilizado nos fins de semana, quando as pessoas acordam mais tarde e acabam fazendo duas refeições em uma (café da manhã e almoço). Horário sugerido: entre 10h30 e 12h30.

CAFÉ DA MANHÃ

Evento com grande retorno empresarial porque, o horário em que acontece, os participantes têm maior capacidade de assimilar os assuntos apresentados. Vem sendo cada vez mais adotado também para reuniões de trabalho, pois permite que executivos ganhem tempo. Pode ser promovido em casa, no escritório, num clube ou restaurante. No Brasil, tem sido a preferência das senhoras. Acontece com frequência em inauguração de loja ou desfile de moda. Horário sugerido: entre 8h e 9h.

CAMPANHA

Atividade planejada e sistemática que envolve o público em torno de um tema específico, utilizando para isso diversas peças de comunicação. Tem como objetivo informar o público-alvo sobre determinados serviços, produtos ou ideias, buscando o seu engajamento com o tema. A duração de uma campanha deve ser definida de acordo com o tema e a disponibilidade de recursos.

CASAMENTO

Requer atenção, especialmente na celebração de bodas. É preciso criatividade para encontrar soluções que estejam de acordo com o orçamento do cliente e com a necessidade de fazer dessa ocasião um momento especial.

CERIMÔNIA DE POSSE

Rito de investidura num cargo público ou posto honorífico. Cada tipo de posse é regulamentado de acordo com a instituição onde ocorre. No Executivo, Legislativo e Judiciário, é regida por cerimonial próprio. Dentro deles, pela burocracia, usam-se autorização e requerimento para a execução do cerimonial. Não havendo regras prestabelecidas, a posse se dá de maneira simples, com o pronunciamento de um termo de compromisso, a leitura do termo de posse e a assinatura do empossado.

CHÁ

Reunião descontraída, flexível em relação a número de convidados. Muito utilizado por senhoras para levantar fundos em campanhas beneficentes, pode ser organizado em diversos locais, como clubes, associações, residências, hotéis etc. Deve ter excelência no cardápio e, principalmente, serviços especializados. Horário sugerido: entre 15h e 17h.

CHURRASCO

Um dos eventos mais bem aceitos no Brasil. Devido à influência europeia, aqui a elaboração e o trabalho geralmente ficam por conta dos anfitriões, enquanto os convidados desfrutam do churrasco. A principal característica desse evento é a informalidade. A simplicidade deve dominar tanto no traje (esporte) quanto no local. Os detalhes para o serviço devem ser cuidadosamente observados, inclusive em relação a bebidas e carnes.

CÍRCULO DE ESTUDOS

Tipo de reunião que compreende trabalho individualizado, troca de informações, aprendizagem e socialização. O coordenador entrega ao grupo o tema a ser estudado, sem fazer qualquer comentário. Cada um dos componentes, isoladamente, faz uma primeira leitura ou estudo da questão proposta durante 15 minutos. Em seguida, realiza-se um estudo em duplas, com igual duração de tempo. Num terceiro estágio, organizam-se grupos de quatro pessoas. Em seguida oito pessoas, com o tempo de 20 e 30 minutos, respectivamente. O tempo restante é dedicado a uma assembleia geral com a participação de todos os integrantes, não devendo o tempo total ultrapassar duas horas.

CICLO DE PALESTRAS

Denominação genérica para diversas reuniões informativas em sequência ou simultâneas nas quais vários subtemas, derivados de um temário central, são apresentados por especialistas em palestras para uma audiência interessada. Adota-se essa denominação ampla para um evento: quando há necessidade de dar um caráter mais formal às reuniões; quando não há tantos especialistas dos subtemas a serem apresentados; quando o tema comporta a montagem de outras reuniões, como painel ou o simpósio; quando o evento não é tão amplo a ponto de constituir um congresso.

COFFEE-BREAK

Essa atividade, que não é propriamente um evento, realiza-se durante sessões longas. É uma parada para descanso no intervalo ou no final de um evento. Geralmente dura de 15 a 30 minutos. Deve-se pensar sempre na arrumação do local para facilitar a execução do serviço de bufê e o bom atendimento a todos os participantes. O cardápio precisa ser adequado ao horário de realização.

COLÓQUIO

Consiste numa reunião fechada que visa esclarecer determinado tema ou uma decisão. É muito utilizada por diversas categorias profissionais. Geralmente, sugere-se um tema central e o plenário se agrupa para discutir subtemas. As discussões são conduzidas por um moderador que é responsável pela apresentação das conclusões e pela submissão destas à aprovação do plenário.

COMEMORAÇÃO

Evento que registra datas significativas de uma instituição com o fim de promovê-las e motivar os públicos interno e externo. Sua duração depende da importância dada ao motivo da comemoração.

CONCÍLIO

Reunião de prelados católicos na qual são abordados assuntos dogmáticos, doutrinários ou disciplinares. Na Igreja Católica Romana, o concílio costuma ser convocado quando há necessidade de reforma, renovação ou expressão de sua doutrina.

CONCLAVE

Esse vocábulo de origem latina significa "com chave", e se traduz por "local que pode ser trancado de forma segura". Na modernidade, além de designar a grande sala reservada para reunião dos cardeais encarregados da escolha de um novo papa, significa o próprio encontro. O termo começou a ser empregado no ano de 1.241 numa situação peculiar: como os cardeais não chegavam a um acordo, foram trancados à chave para apressarem a escolha.

CONCURSO

Evento que tem como principal característica a competição e pode ser aplicado a diversas áreas: artística, cultural, desportiva, científica etc. Deve ser coordenado por uma comissão organizadora, que estabelece o regulamento, detalhando aspectos como: data, duração, participantes, júri, procedimentos, critérios de avaliação, recursos, julgamento, prêmios. O regulamento é o instrumento mais relevante, pois resguarda os interesses dos envolvidos no evento.

CONFERÊNCIA

Forma eficaz de transmissão oral de informações a um grupo de pessoas. Permite apresentar, com fatos objetividade, clareza, rapidez e força de persuasão. Caracteriza-se pela abordagem de um tema, geralmente de caráter técnico e científico, por uma autoridade no assunto, para uma plateia de número variável de pessoas. Deve ser feita em lugar amplo e bem decorado. Pode ser gravada e transmitida por rádio, tevê ou internet, desde que haja autorização do conferencista. Trata-se de reunião formal, que requer a presença de um presidente de mesa para coordenar os trabalhos. Não é permitida interrupção e perguntas podem ser feitas ao final da apresentação, por escrito e com identificação de quem pergunta. A duração ideal é de no máximo uma hora e meia.

CONFERÊNCIA COM DEBATE

Esse tipo de evento é semelhante à conferência, mas difere desta por permitir que, após a apresentação do tema por um orador, haja debate sobre o assunto em foco. Também é dirigida por um presidente, que coordena os trabalhos e, ao final da apresentação, abre a sessão a perguntas e discussão.

CONGRESSO

Encontro formal e periódico de pessoas com o mesmo interesse. É geralmente promovido por entidades associativas com o objetivo de estudar e debater assuntos diversos, os quais são apresentados em forma de painel, palestra, debate, simpósio, mesa-redonda, conferência, exposição e feira, tendo em vista chegar-se a conclusões ou recomendações que sejam aceitas total ou parcialmente pelos participantes. Os objetivos de um congresso são definidos por um sentido de revisão ou reajuste de condutas, difusão de novas tecnologias e divulgação de novos processos de trabalho ou descobertas. É planejado por uma comissão organizadora, que elabora e aprova um regulamento e um regimento. O congresso requer, ainda, comissões técnicas formadas por grupos de estudiosos de determinado tema, cujo propósito é analisar os trabalhos ou debater temas que serão apresentados em plenário, de acordo com o regimento. Ao final das apresentações, discussões e propostas, as conclusões e recomendações são redigidas e entregues aos congressistas, e esse documento é submetido ao grupo para aprovação. Resultam daí a carta final ou os anais do congresso. Sua duração, geralmente, é de três a cinco dias, os locais são especiais e sua realização pode ser anual ou bienal. No decorrer dos congressos, é normal a realização de outros programas complementares, como atividades sociais, culturais, gastronômicas e esportivas.

CONVENÇÃO

Termo que define, de modo geral, atividades de determinados grupos, promovidas por entidades empresárias. As convenções têm caráter interno, objetivando a treinamento, reciclagem, troca de informações entre participantes, lançamento de novos produtos, pontos de venda, mudança de mercado. Numa convenção são utilizados vários tipos de reunião, como palestra, debate, mesa-redonda, dinâmica de grupo etc. Trata-se de uma atividade muito utilizada por partidos políticos para deliberação de assuntos preestabelecidos. Sua realização costuma ser anual e os participantes se reúnem durante três a cinco dias geralmente fora da cidade onde está localizada a instituição, a fim de obter melhor rendimento dos trabalhos e maior integração do grupo.

CONVENÇÃO DE REVENDEDORES

Assim como a convenção de vendas, trata-se de uma reunião informativa realizada com o objetivo de mostrar produtos novos a serem lançados, seus pontos de venda, concorrentes e mercados. Também visa informar alterações que serão realizadas em produtos já existentes, indicar os produtos que serão retirados de linha; mostrar e analisar campanhas publicitárias a serem lançadas, orientar os revendedores sobre relações com a mídia etc. Ainda, objetiva discutir planos promocionais, apresentar os alvos a serem atingidos e distribuir cotas de vendas. Na convenção se avalia um período de tempo e se preparam tarefas para os próximos programas ou atividades. Ao lado das sessões de trabalho, costuma-se oferecer entretenimento aos participantes e se aproveita a ocasião para entregar prêmios e troféus. As diversas sessões que compõem uma convenção de revendedores poderão ser estruturadas de várias formas – painel, mesa-redonda, sessão de criatividade etc.–, adequando-se o tipo de reunião a ser realizada aos objetivos específicos de cada tema. O roteiro tem de ser preparado com cuidado a fim de evitar carga excessiva de trabalho.

COQUETEL

Reunião cujo objetivo é comemorar uma data ou um acontecimento. É um evento flexível quanto ao número de convidados e se realiza geralmente das 19h às 21h. Tem hora estabelecida para chegada e saída, mas, caso os convidados se estendam além do horário previsto, pode-se servir a eles um prato quente. É o tipo de encontro em que se comemora aniversário, lançamento de livro, *vernissage*, aprovação de um concurso, recebimento de prêmio, despedida etc. A tônica desse tipo de evento é a alegria, a descontração e o movimento. Destacam-se três tipos de coquetel: *cocktail-party* (das 19h às 21h); *cocktail-souper* (aqui só se estabelece a hora de chegada e se servem pratos quentes); e *cocktail-buffef* (começa às 21h; a partir das 23h, pode ser servido na mesa ou os convidados vão até à mesa central para se servir). Outro tipo de coquetel, o *vin d'honneur*, é servido por diplomatas.

CURSO

Método planejado que emprega um conjunto de atividades técnicas e práticas, com programação específica, objetivando capacitar um grupo de pessoas com interesses comuns. Sua realização pode envolver os mais diversos veículos de comunicação dirigida, e a linha de ação é adotada com base no planejamento – quando se verifica a viabilidade de sua execução. A fase seguinte é a identificação da clientela, que, na medida do possível, deverá apresentar características homogêneas. O número de participantes deve ser estabelecido em razão do número de instrutores e da disponibilidade de material de apoio. Durante as aulas, deve-se manter contato constante com os professores para avaliar se os objetivos do programa estão sendo alcançados. A duração do curso é fixada de acordo com a programação; assim, deve-se considerar o tempo necessário para transmitir informações teóricas, fazer demonstrações práticas e repetir conteúdos, caso o instrutor julgue necessário. O local escolhido deve ser informal, possibilitando o bem-estar dos alunos considerando-se o deslocamento e as atividades no local.

DEBATE

Discussão entre pessoas que defendem pontos de vista diferentes sobre um ou mais temas. Faz-se necessário um moderador para coordenar as discussões, e ele estabelece as regras de participação, podendo ou não defini-las com os integrantes. O debate pode ser aberto ao público ou transmitido por veículo de mídia. Geralmente, a plateia não participa com perguntas, mas pode manifestar-se com aplausos ou protesto. As perguntas são feitas pelo moderador, pelos debatedores ou por especialistas no assunto.

DESFILE

Apresentação de produtos geralmente ligados a moda: roupas, acessórios, joias, entre outros. Entre os pontos fundamentais para obter sucesso no evento estão: local adequado, com visibilidade e infraestrutura; modelos e manequins famosos; presença na plateia de pessoas de destaque; adequação dos produtos demonstrados ao público-alvo; harmonia entre produto e música de fundo; apresentação clara e objetiva de cada produto demonstrado; *show-room* dos produtos, se o objetivo for vendê-los no local. A duração desse evento não deve ultrapassar uma hora e meia, e o que deve ser servido depende do público. As opções são: *brunch*, chá, coquetéis, *coffee-break* etc.

DESFILE CÍVICO

Tem como finalidade a comemoração das datas magnas de determinado país, estado ou município. Sua organização é regida por normas e regulamentos definidos pelo cerimonial de cada instituição.

DIA DE CAMPO

Evento direcionado a um público específico, convidado a visitar os campos da empresa ou áreas demonstrativas quando ocorre, por exemplo, a apresentação dos resultados de determinada pesquisa. Os objetivos variam conforme o público-alvo:

- *Comunidade, políticos, imprensa* e estudantes – divulgar a empresa, seus objetivos e benefícios diretos e indiretos à sociedade
- *Técnicos da extensão rural, produtores e profissionais ligados à agropecuária* – informar e demonstrar tecnologias, serviços e produtos, promovendo reciclagem e troca de experiências entre os participantes

- **Empregados e familiares** – mostrar o trabalho da empresa, a contribuição dos empregados, os resultados obtidos e os benefícios gerados. Este evento deve durar uma manhã ou uma tarde.

DIA ESPECÍFICO

Dia que faz parte do calendário de eventos da organização, como o Dia da Secretária, das Mães, dos Pais, aniversário da empresa etc. A forma de celebrar depende de cada instituição e do que está sendo comemorado.

ENCONTRO

Denominação genérica de vários tipos de reunião. Pode ser considerado um evento de caráter informal, utilizado, por exemplo, para análise de trabalho ou tese antes de sua apreciação por uma comissão em um congresso, seminário etc. Um dos vários enfoques possíveis de "encontro" é uma reunião de pessoas de uma categoria profissional para debater temas antagônicos, apresentados por representantes de grupos. É necessário haver um coordenador para resumo e apresentação das conclusões. Dependendo de sua natureza e geografia (local, regional etc.), constitui a etapa prévia de um evento mais abrangente (nacional, por exemplo).

ENCONTRO MUNICIPAL

Uma das formas de reunião questionadora, semelhante ao fórum tanto na preparação quanto na sistemática e nos resultados pretendidos. Regulamenta o debate entre dois grupos antagônicos, acerca de assunto preferencialmente comunitário, numa câmara municipal. Inicialmente, os participantes desse tipo de reunião elegem o presidente, o secretário e os dois "vereadores". Depois do presidente abrir a sessão de trabalhos, é dada a palavra a cada "edil", por dez minutos. Colocadas as posições dos oradores, constituem-se dois grupos com todos os participantes. Cada grupo assessora prioritariamente seu "vereador" com material escrito durante a discussão. Ao final, o presidente resume as conclusões e recomendações de ambas as facções. Para que os resultados sejam positivos, sua preparação deve prever um local adequado a acomodar todos os participantes, com espaço específico para cada grupo, boa acústica, sistema de som e gravação. A divulgação deve ser ampla, para assegurar a presença dos interessados.

ENTREVISTA COLETIVA

Reunião informativa específica para a imprensa, na qual um especialista ou representante da empresa, entidade ou governo se coloca à disposição dos jornalistas para emitir opinião sobre assuntos do seu campo de conhecimento e responder a perguntas. Trata-se de um evento de alto retorno, desde que seja organizado e realizado com objetividade e lisura. As informações devem ser claras, precisas e, sobretudo, honestas. Não deve ultrapassar 30 minutos e a reunião deve ser feita em período apropriado em relação ao cronograma de trabalho das empresas jornalísticas presentes.

ESTUDO DE CASO

Nesse tipo de evento, o que se tem em vista é a análise objetiva e, se possível, completa de uma situação verdadeira que está sendo investigada e é de interesse geral. O caso a ser analisado deve levar em conta os objetivos a ser alcançados, o nível dos participantes e o tempo disponível. Cabe ao coordenador da reunião escolher o caso a ser estudado, devendo também providenciar a todos os participantes cópias do problema a ser examinado. No final, o coordenador recapitula o que foi sugerido, para ensejar um encaminhamento de solução, preenchendo as lacunas que ficaram, se necessário. O estudo de caso pode ser programado em qualquer área de atuação.

EVENTO ESPORTIVO

Encontro geralmente aberto, com presença de plateia, para apresentação ou disputa de títulos de uma ou mais modalidades esportivas. Definido o local ou os locais de jogos e da abertura, é preciso determinar o espaço ou espaços de permanência de pessoas ilustres e autoridades convidadas, sempre seguindo a ordem de precedência. Serviços de apoio devem se encarregar do oferecimento de bebidas, sucos e canapés aos convidados. A homenagem a pessoa, viva ou já falecida, pode ser feita dando seu nome à prova, convidando-se a própria homenageada ou seu representante para marcar o início da competição; em homenagem a recém-falecido, é praxe pedir um minuto de silêncio antes do início da prova. São exemplos de evento esportivo: jogos que tenham título iniciado por taça, copa, festival, gincana, desafio e olimpíada, entre outros.

EVENTO SOCIAL

Evento cuja função básica e motivadora é a socialização. Além dos eventos já apresentados nesta classificação, podemos destacar ainda *réveillon*, noivado, nascimento, batizado, primeira comunhão, festas de quinze anos, bodas etc.

EVENTO DE ECOTURISMO

Além de divulgar a prática da sustentabilidade, o evento de ecoturismo objetiva incrementar a oferta e expansão de produtos turísticos, destacando a cultura regional e as riquezas locais. Tendo como referência temporal o final da primeira década do século XXI, podemos destacar: *acqua ride*, *bungee jump*, escalada, montanhismo, *rafting*, *skysurf*, trilha etc.

EXCURSÃO

Formação de grupos com o objetivo de empreender viagem para conhecimento cultural ou de lazer. Esse evento é utilizado como política de entrosamento por muitas organizações. Para sua realização, recomenda-se contratar uma agência especializada, que cuide da elaboração de programa, atendendo ao aspecto cultural ou outro, conforme os objetivos estratégicos da empresa e de seu público. Numa excursão, são indispensáveis a presença de guia e monitores e cuidado especial com a segurança.

EXPOSIÇÃO

Evento fixo, geralmente apresentado na forma de estande em grandes empreendimentos ou em pequenas mostras individuais, como a de artista plástico (também chamada de *vernissage*). É uma exibição pública de produção artística, industrial, técnica, científica ou agrícola. Pode ou não objetivar a venda dos produtos expostos. Dura, em média, nove dias.

FEIRA

Exibição pública que objetiva a venda direta ou indireta, constituída de vários estandes, montados em lugares especiais, onde se colocam produtos e serviços. Pode ter propósito comercial, industrial ou simplesmente promocional. Eventos assim costumam ser direcionados a segmentos específicos de mercado, com duração média de uma semana, organizados e comercializados por empresas especializada no ramo. Normalmente, realizam-se em pavilhões especialmente preparados para essa finalidade. A feira é apropriada quando se deseja atrair grande número de consumidores a um determinado local para apresentação de produtos e serviços de forma motivadora e atraente.

FESTIVAL

Evento artístico-cultural, composto de apresentações previamente selecionadas, com o objetivo de divulgar, promover ou popularizar produtos e bens culturais. Tem frequência variável e pode realizar-se em ambiente aberto ou fechado.

FORMATURA/COLAÇÃO DE GRAU

Evento pontuado pela entrega de certificados de conclusão de curso escolar ou acadêmico. A cerimônia de colação de grau exige mesa de honra. Uma comissão organizadora cuida dos procedimentos necessários para a formatura. O *check-list* reúne: paraninfo, patrono, orador, juramentista, homenageados, mestre de cerimônias, presidente da solenidade, mesa de honra, tribuna e beca. O traje usual é toga e beca. O convite deve destacar os nomes dos formandos, professores, paraninfo, orador, patrono, homenageados, logomarca da instituição de ensino, símbolo de representação do curso e, se possível, fotografia da turma. Havendo baile de formatura, o traje dos formandos é definido pela comissão. Fotografia e filmagem fazem a memória da formatura.

FÓRUM

Reunião que se caracteriza pela troca de informações e debate de ideias, com presença de grande audiência, não havendo restrição quanto aos participantes. Uma autoridade ou um especialista faz uma exposição ampla sobre o tema a ser discutido, visando a efetiva participação da plateia, que deve ser sensibilizada e motivada. Durante a exposição, não se admite aparte, cabendo o uso de linguagem acessível e direta, sem evasivas; o auditório se manifesta por escrito, para opor-se ou complementar ideias emitidas. No encerramento dos trabalhos, uma comissão de relatores elabora uma súmula geral, divulgada pelos meios de comunicação disponíveis. O fórum, que pode durar vários dias, tem cada vez mais aceitação, por permitir o debate de problemas sociais.

GARDEN PARTY

A expressão significa literalmente "festa no jardim". Geralmente, é realizado perto da piscina ou no jardim, com início à tarde, prolongando-se até a noite. O cardápio consiste geralmente em petiscos. Pode ser realizado para desfiles de moda, aniversário etc. Horário sugerido: a partir das 16h.

HAPPY HOUR

Reunião ocorrida no fim de um dia de trabalho. Por isso, pode ser realizada no próprio escritório, servindo-se vinho branco, uísque, cerveja, refrigerante e salgadinhos. Em geral, é uma confraternização entre colegas de empresa que, ao término do expediente ou da semana, contabilizam ganhos ou perdas ou simplesmente falam de amenidades para relaxar. Algumas comemorações costumam ser feitas na *happy hour*, como o balanço de uma empresa, o fechamento de um grande negócio ou a despedida de alguém. O local mais comum é o escritório, mas esse evento também pode ser feito em casa, num bar ou num restaurante. Horário sugerido: entre 17h30 e 19h30.

INAUGURAÇÃO DE ESPAÇO FÍSICO

Apresentação do novo espaço de uma instituição – uma nova área, instalação ou unidade – que pode ser feita em local aberto, ao ar livre, ou em recinto fechado. O evento geralmente se desenvolve nesta ordem os convidados são recebidos e, em seguida, as autoridades – situadas próximo à fita ou à placa de acordo com a hierarquia – são anunciadas aos presentes. Depois do anúncio, vêm os discursos, que culminam com o descerramento da placa ou rompimento da fita. Segue-se a visita às instalações e, por fim, um coquetel, almoço ou jantar. Durante a visita, dependendo da crença religiosa dos dirigentes da organização, uma autoridade religiosa pode dar a bênção ao novo espaço. Esse tipo de evento deve durar no máximo quatro horas.

INAUGURAÇÃO DE RETRATO, BUSTO E ESTÁTUA

Cada um desses eventos é para homenagear alguém falecido, por sua história pessoal ou realizações, mas também pode marcar homenagem a pessoas vivas. Requer alguns cuidados básicos, como contato prévio com a família do homenageado (se falecido) ou com o próprio, escolha do local e confecção da peça para que esta transmita devidamente a homenagem. Quando realizado em espaço público, é necessário colocar cordões de isolamento para proteger as autoridades. Ao final da cerimônia, cabe oferecer um coquetel e uma apresentação musical (se possível) relacionada com o homenageado. O local, aberto ou fechado, tem de ser definido com bom-senso. O retrato, busto ou estátua deve estar coberto com as cores nacionais ou com outras de interesse do organizador. A cerimônia se inicia com a apresentação das autoridades e a leitura do currículo do homenageado. Discursam o anfitrião e depois o homenageado ou seu representante. Antes, de preferência, ou logo depois da sessão, deve ser entregue um *press kit* à imprensa, e um folheto e/ou pequenos brindes aos demais convidados.

JANTAR

É realizado pelos mesmos motivos que o almoço e nos mesmos locais. Os cuidados em relação ao cardápio também devem ser tomados pelos organizadores. De todos os acontecimentos, é o mais sofisticada, exigindo menu e vinhos mais requintados. Pode ser servido à mesa ou em bufê, dependendo do tom mais ou menos formal que se queira dar ao encontro ou da disponibilidade de espaço e do número de convidados. Como o almoço, cobre todas as ocasiões – de reuniões de negócios a casamentos. Horário sugerido: entre 20h e 22h.

JOGO DE EMPRESA

O conhecido *business game* é uma forma de reunião que procura reproduzir o mais fielmente possível a situação de trabalho dentro das empresas. Utilizam-se jogos e simulações para estimular nos participantes comportamentos novos sem correr riscos desnecessários nem promover gastos elevados. No jogo de empresa, com os integrantes divididos em equipes, criam-se situações ricas em variáveis, para que os grupos-empresa compitam num mesmo mercado. Alguns instrutores acrescentam o *inbasket training*, que é a luta contra a papelada.

JORNADA

Encontro regional periódico de profissionais para discussão de assuntos de interesse do grupo. Costuma ser promovido por entidades de classe e dura vários dias. Seu objetivo é somar informações e experiências. Geralmente, se utilizam técnicas de dramatização, demonstração e apresentação de casos. As conclusões podem servir de diretrizes para as ações da categoria. A jornada não visa necessariamente promover a solução de um problema.

LANÇAMENTO DE LIVRO

Evento para apresentação, divulgação e venda de obra literária que conta com a presença do autor para autógrafos. A editora deve, preferencialmente, escolher uma livraria que seja sua distribuidora, o que facilita e impulsiona a divulgação e comercialização do livro. Recomenda-se que no ato da compra sejam colocados nos livros *post-its* com o nome dos compradores, o que permite que o autor saiba para quem está autografando o exemplar. A aquisição de exemplares deve se dar no interior da loja, afastado da entrada, para evitar congestionamento de pessoas e desistência de compra. O local dos autógrafos também deve ser estratégico, a fim de estimular a permanência das pessoas por um tempo no local e a troca de impressões entre os convidados. Nesse sentido, é aconselhável que seja servido um coquetel. O sucesso do evento também depende da divulgação e cobertura da mídia, o que requer envio antecipado de informações aos órgãos de imprensa. Além disso, durante o evento deve haver uma pessoa designada especialmente para atender os repórteres.

LANÇAMENTO DE MAQUETE

Evento que se destina ao lançamento de um projeto. A maquete fornece a noção de tridimensionalidade, o que para um leigo é mais interessante do que visualizar a proposta do autor em um plano bidimensional (largura e altura). Além disso, a profundidade, de modo geral, possibilita melhor entendimento quanto ao tipo e quantidade do material a ser empregado. Pode ser uma cerimônia aberta ou fechada, dependendo do interesse do empreendedor, seja ele da área pública ou privada.

LANÇAMENTO DE PEDRA FUNDAMENTAL

Cerimônia que marca o início de uma obra física. Consiste em colocar em uma urna documentos relacionados à construção – como planta da obra, atas de reuniões, gravações de pronunciamentos – e também itens referentes à época – moedas, revistas, jornais, fotos etc. –, que são enterrados numa urna de alvenaria previamente construída, em um local que não comprometa a construção a ser iniciada. Realizado normalmente ao ar livre, esse tipo de evento requer preparação prévia do local: piso, estacionamento, toldos para proteção contra sol ou chuva. Por ser um evento geralmente curto e sem atrativos, recomenda-se que o organizador traga pessoas de destaque e sirva um coquetel, para atrair o público de interesse e a imprensa.

LANÇAMENTO DE PRODUTO/SERVIÇO

Evento estratégico para a empresa, na medida em que o produto que ela fabrica visa, sobretudo, à satisfação da clientela. Para que o lançamento seja bem-sucedido, é imprescindível encontrar grupos de potenciais consumidores com necessidades e desejos similares. O evento pode ser realizado em um salão especial, dentro ou fora da organização, dependendo do impacto que se deseja criar e da verba disponível. Para montar a estratégia do lançamento, também é preciso considerar as características do *design* do produto, as quais têm influência na decoração, na escolha dos convidados e no grau de descontração do ambiente.

LANÇAMENTO PARA A IMPRENSA

Assim como na entrevista coletiva, o público principal para esse tipo de evento são os jornalistas. Espera-se que, nele, se consiga efeitos midiáticos com vistas a melhores resultados comerciais. É utilizado para o lançamento de bens ou produtos. Monta-se uma ampla demonstração do objeto lançado, ao que se segue ou é precedido por uma reunião social.

LEILÃO

Consiste na venda pública de objetos variados: de arte, mercadorias, maquinários, animais etc. a quem der maior lance a partir de um valor predeterminado. Necessita da presença de um leiloeiro oficial e, evidentemente, do público, que será convidado pelos veículos de comunicação dirigida.

MEGAEVENTO

Evento de lazer e turismo em larga escala, como os Jogos Olímpicos ou feiras mundiais. Geralmente tem curta duração e seus resultados permanecem por bastante tempo na cidade que o sedia. Está associado à criação de infraestrutura e comodidades para o evento, frequentemente tendo débitos em longo prazo e sempre requerendo uso programado com bastante antecedência. É comum que haja bons resultados no turismo, na relocação industrial e na entrada de investimentos.

MESA-REDONDA

Evento que costuma reunir de quatro a oito pessoas, geralmente sentadas em semicírculo. A escolha dos debatedores deve levar em consideração seus pontos de vista, para que se tenha um grupo favorável e outro contrário em relação a um assunto polêmico e controvertido, o qual exige preparação prévia. Um moderador coordena os trabalhos e o plenário pode ou não participar enviando perguntas à mesa, por escrito. Há dois tipos de mesa-redonda: aberta e fechada. A aberta permite – e às vezes estimula – que os seus assistentes formulem perguntas ou mesmo opinem acerca do tema em debate. A fechada não admite a intervenção de pessoas, exceto os debatedores especialmente convidados. Pode-se, ao final, elaborar um documento baseado na posição conjunta.

MOSTRA

Evento pequeno que visa divulgar o que está exposto. É a única forma de expor que circula, ou seja, pode ser vista em vários locais, com a mesma forma e conteúdo. Tem duração média de cinco dias.

NETWORK

Essa palavra inglesa significa "rede". Trata-se da comunidade virtual eletrônica cujo objetivo maior é promover estudos, discussões e compartilhar informações variadas. Pode ser definida como uma espécie de clube virtual em que os membros trocam arquivos, textos e outros dados. Realiza-se na internet e também pode ser feita em circuito menor, como intranet.

OFICINA

Semelhante ao *workshop*, utilizado preferencialmente em ação educacional. Propicia a construção do conhecimento numa linha pedagógica. Consiste num encontro que se inicia com uma apresentação e depois prossegue com demonstrações práticas relacionadas com o tema em foco.

OUTORGA DE TÍTULO

Homenagem prestada a pessoa física ou jurídica, na forma de entrega de diploma ou título, em reconhecimento a serviços prestados. Há diversas modalidades de título: professor emérito, professor *honoris causa*, diploma de sócio honorário, diploma ou medalha de honra ao mérito. Como qualquer evento, a sessão deve ser bem planejada, incluindo escolha do local, decoração do ambiente, recepção, preparação e envio de convites, contratação de serviço de bufê, confecção do diploma (troféu ou placa), impressão de material sobre o homenageado, elaboração de texto a ser lido em sua homenagem, contratação de fotógrafo e envio de *releases* para a imprensa a fim de se estimular a cobertura do evento.

PAINEL

Reunião derivada da mesa-redonda cujo objetivo é reproduzir informações de um pequeno grupo em proveito do grande grupo assistente, permitindo vários ângulos da situação proposta. A estrutura básica de um painel é composta de um orador e, geralmente, de quatro participantes que se apresentam sob a coordenação de um moderador. O painel pode apresentar um tema com vários subtemas. No Brasil, esse tipo de evento permite a participação do público por meio de perguntas após o término da exposição. Para que o painel alcance os objetivos propostos, é necessário que haja uma reunião prévia entre os componentes da sessão, visando ajustes e a evitar superposições. Indica-se um moderador, que abre os trabalhos e apresenta um a um os currículos dos painelistas. Entre uma exposição e outra, ele alerta para o encaminhamento de perguntas, que devem ser feitas por escrito e ter identificação do interessado. Após a conclusão das exposições, o moderador inicia a segunda parte, separa as perguntas repetidas e as não pertinentes (a juízo dele) e evita situações de debate. Ao final, há os agradecimentos de praxe. Cabe também ao moderador controlar o tempo durante toda a sessão.

PAINEL DE DEBATE

Variação da mesma técnica em que, na segunda parte do painel, a mesa-redonda é substituída por dois grupos em oposição. Permite-se a participação do auditório por meio de perguntas escritas dirigidas ao grupo debatedor. A vantagem desse tipo de painel é que vários pontos de vista podem ser apresentados.

PAINEL DE QUESTIONAMENTO

Outra variação do painel tradicional. Após o simpósio, tem-se a presença de questionadores que ficam frente a frente com painelistas, separados pelo moderador, o qual pode fazer uma pergunta como estímulo, seguindo-se as demais formuladas pelo segundo grupo. Não havendo mais perguntas, ou caso o tempo se tenha esgotado, encerraram-se os trabalhos. Essa técnica não permite a participação da plateia.

PAINEL TÉCNICO

Também chamado de "painel integrado", esse evento é conduzido, no início, de maneira semelhante ao painel convencional. Já na segunda parte ocorre o debate entre grupos: a assistência é dividida, cabendo a orientação de cada grupo a um painelista. Em eventos mais amplos, como congresso, admite-se no painel técnico uma reunião final com todos os participantes, debatedores e plateia, em sessão pública, para que sejam aprovadas as recomendações provenientes dos grupos de discussão.

PALESTRA

Exposição de um tema já conhecido para um grupo pequeno, que tem noções sobre o assunto. Palestra e conferência são praticamente sinônimos, mas aquela é menos formal. Consiste na apresentação de um tema previamente determinado e de interesse dos participantes, com limitação de tempo (no máximo 40 minutos). Exige a presença de um moderador e permite a intervenção dos participantes durante a exposição. Diferentemente da conferência, são permitidas fotos e filmagens.

REUNIÃO

Evento que congrega pessoas de uma instituição a fim de discutir temas relacionados com suas políticas e seu trabalho. Objetiva discutir um assunto predeterminado e definir, em conjunto, as ações a ser desenvolvidas. A duração depende do tema a ser tratado. Seu público-alvo pode ser interno ou externo.

ROADSHOW

Demonstração itinerante, montada sobre um ônibus ou carreta que se desloca para várias regiões do país com o objetivo de mostrar o potencial de uma empresa, governo ou entidade por meio de fotos, gráficos, livros, vídeos e outros produtos. Visa conquistar novos clientes, associados ou parceiros e obter apoio do público.

RODADA DE NEGÓCIOS

Evento realizado geralmente na própria organização, em hotéis ou outros locais que ofereçam infraestrutura adequada. A finalidade é criar condições para aproximar empresas a fim de concretizar parcerias e negociar produtos e serviços, ou mesmo concluir uma negociação político-econômica. Os contatos devem ser agendados previamente.

SALÃO

Tipo de evento que visa apenas à divulgação de um produto ou conceito. Não tem finalidade comercial imediata, e seu objetivo principal é a promoção institucional. É mais utilizado em alguns setores do mercado e ocorre periodicamente.

SEMANA

Reunião de pessoas pertencentes a uma categoria profissional com o propósito de discutir assuntos de interesse comum. Segue o mesmo esquema do congresso, com palestras, conferências e painéis. Requer uma comissão organizadora e a produção de anais para distribuição posterior aos participantes.

SEMINÁRIO

Bastante utilizado no meio acadêmico, principalmente nas universidades. Caracteriza-se pela reunião de um grupo de pessoas cujo objetivo é apresentar um tema a uma plateia que já tenha certo conhecimento do assunto. Seu propósito é somar informações a temas já pesquisados. O seminário é dividido em três partes: exposição, discussão e conclusão, com distribuição do relatório final aos participantes. Nas empresas, o seminário também pode ser utilizado como reunião de instrução.

SHOW

Apresentação artística para entretenimento de um público-alvo. Faz parte da programação de diversos tipos de evento. Pode ser realizado tanto institucional quanto promocionalmente.

SHOW DE PRODUTOS

Encontro para apresentar produtos a compradores. Geralmente é realizado em hotel.

SHOWCASING

De uso recente no Brasil, esse tipo de evento funciona como alternativa à feira. Trata-se de uma vitrine interativa na qual o público não tem contato com o produto. A comunicação ocorre por telefones instalados nas cabines e conectados diretamente a uma central de informação. A essência é a divulgação, e a venda é efetuada pelo sistema de reservas e encomendas.

SIMPÓSIO

Evento destinado a uma audiência selecionada e caracterizado pela apresentação, por especialistas, de um tema geral de grande interesse, dividido em subtemas. Seu objetivo final é trocar informações e tomar decisões. A diferença fundamental entre simpósio e mesa-redonda é que naquele os expositores não debatem o tema e podem desenvolver os trabalhos em um ou vários dias. No simpósio, as perguntas são feitas pelo público, do qual se espera participação ativa. Antes de sua realização, o coordenador deve solicitar a cada expositor o material escrito, para providenciar cópias a serem distribuídas à audiência após o evento. Cada participante do simpósio tem de 10 a 20 minutos para expor suas ideias. O número máximo é de cinco expositores, o que resulta no tempo total de 60 a 90 minutos para apresentação de todos os subtemas. Ao final do evento, cabe ao coordenador resumir as informações relatadas e abrir a sessão a perguntas, que devem ser formuladas por escrito e com identificação do interessado. Tais perguntas não devem gerar debate, mas elucidar pontos específicos. Também cabe ao coordenador apresentar os membros da mesa, ler um resumo de seus currículos profissionais, distribuir as perguntas alternadamente entre os expositores e fazer os agradecimentos finais.

TORNEIO ESPORTIVO

Promove a competição saudável entre os participantes. Costuma ser realizado por empresas visando integrar seus empregados e prestadores de serviços. A duração varia de acordo com a modalidade e pode atingir todos os públicos de interesse.

VERNISSAGE

Abertura de exposição de artes plásticas. O termo francês se originou dos artistas boêmios que, no século XX, ao concluir uma obra com verniz, convidavam os amigos para apreciá-la enquanto degustavam uma taça de vinho.

VIDEOCONFERÊNCIA

Evento que visa encurtar distâncias, racionalizar diálogos e reduzir investimentos. É uma forma moderna de organizar eventos e requer um espaço físico que permita interação entre os participantes. Tem como característica principal a apresentação de um tema de interesse restrito a um grupo de pessoas situadas em diferentes e distantes locais.

VISITA OU *OPEN DAY*

Reunião bastante realizada no meio empresarial para mostrar sistemas, métodos e equipamentos a determinado segmento de público. Para tanto, a empresa que a promove deve ter um planejamento que contemple recepção, demonstração audiovisual, brindes e distribuição de *releases*, de acordo com as características do público esperado.

WORKSHOP

Encontro de grupo de trabalho ou oficina em que há uma parte expositiva seguida da demonstração do produto que gerou o evento. Pode fazer parte de um evento de maior amplitude. O termo *"workshop"* teve origem nas oficinas de trabalho e costuma trazer alto retorno, uma vez que ajuda os participantes a compreender e memorizar o produto apresentado.

autores

Waldyr Gutierrez Fortes

Mestre (1987) e doutor (1992) em Ciências da Comunicação pela Escola de Comunicação e Artes da Universidade de São Paulo (ECA-USP), foi professor de graduação no curso de Comunicação Social/Relações Públicas na Universidade Estadual de Londrina (UEL). Profissional com experiência em empresas sediadas na capital paulista e em consultoria para organizações na cidade de Londrina, publicou vários trabalhos e artigos com foco no desenvolvimento de novas áreas para relações públicas. É autor dos seguintes livros: *Pesquisa Institucional – Diagnóstico organizacional para relações públicas* (Loyola, 1990, esgotado); *Transmarketing – Estratégias avançadas de relações públicas no campo do marketing* (Summus, 2ª edição,1999); *Você sabe que dia é hoje? Datas comemorativas para eventos e programações de relações públicas e calendário de promocional em marketing* (Editora da UEL, 2ª edição, 2002, esgotado); *Relações públicas – Processo, funções, tecnologia e estratégias* (Summus, 2ª edição, 2003). Escreveu os seguintes capítulos de livros: "Relações públicas estratégicas com o público interno" (*Relações públicas e suas interfaces*, de Cleuza G. Gimenes Cesca, Summus, 2006); "O pioneirismo de Cândido Teobaldo de Souza Andrade na pesquisa em relações públicas no Brasil (*História das relações públicas – Fragmentos da memória de uma área*, de Claudia Pereira de Moura, EdiPUCRS, 2008).

Mariângela Benine Ramos Silva

Pós-doutora (2009) e doutora (2003) em Ciências da Comunicação pela Escola de Comunicação e Artes da Universidade de São Paulo (ECA-USP), é mestre em Administração de Empresas (2000) pela Universidade Norte do Paraná (Unopar). Especialista em Relações Públicas Empresariais (1995), graduou-se (1983) em Comunicação Social/Relações Públicas pela Universidade Estadual de Londrina (UEL). Atua como docente na UEL desde 1991, onde coordena o curso de especialização *lato sensu* em Eventos. Além disso, ministra vários cursos de aperfeiçoamento na área de planejamento e organização de eventos e cerimonial/protocolo. É integrante do Comitê Nacional do Cerimonial Público (CNCP), da Associação Brasileira de Relações Públicas (ABRP), da Sociedade Brasileira de Estudos Interdisciplinares da Comunicação (Intercom) e da Associação Brasileira de Pesquisadores de Comunicação Organizacional e Relações Públicas (Abrapcorp). Atualmente, é conselheira do Conselho Regional de Profissionais de Relações Públicas de São Paulo (Conrerp-SP), gestão 2010-2012. É autora do livro *Evento como estratégia de negócios: modelo de planejamento e execução* (Edição do autor, 2005) e publicou vários capítulos de livros, trabalhos e artigos na área de eventos e cerimonial.

www.gruposummus.com.br

IMPRESSO NA GRÁFICA sumago
sumago gráfica editorial ltda
rua itauna, 789   vila maria
02111-031   são paulo   sp
tel e fax 11 **2955 5636**
sumago@sumago.com.br